A Study on the Development Trends of the Exhibition Industry Worldwide and Practices in County-Level Regions

国内外会展业发展态势与县域实践研究

王蕾 崔春莹 许晓芹 ◎ 著

上海财经大学出版社
SHANGHAI UNIVERSITY OF FINANCE & ECONOMICS PRESS

图书在版编目(CIP)数据

国内外会展业发展态势与县域实践研究 / 王蕾, 崔春莹, 许晓芹著. -- 上海：上海财经大学出版社, 2024.9. -- ISBN 978-7-5642-4495-8

Ⅰ.G245

中国国家版本馆 CIP 数据核字第 2024164CD2 号

本书的出版得到义乌工商职业技术学院和义乌自由贸易发展区市域产教联合体的资助。

□ 责任编辑　姚　玮
□ 封面设计　贺加贝

国内外会展业发展态势与县域实践研究

王　蕾　崔春莹　许晓芹　著

上海财经大学出版社出版发行
（上海市中山北一路 369 号　邮编 200083）
网　　址:http://www.sufep.com
电子邮箱:webmaster@sufep.com
全国新华书店经销
上海景条印刷有限公司印刷装订
2024 年 9 月第 1 版　2024 年 9 月第 1 次印刷

710mm×1000mm　1/16　11 印张（插页:2）　109 千字
定价:58.00 元

前　言

在全球化与信息化的浪潮中，会展业作为城市经济与文化交流的重要载体，正经历着前所未有的变革与挑战。《国内外会展业发展态势与县域实践研究》正是在这一背景下应运而生，旨在通过系统梳理国内外会展业的发展历程，分析当前会展业态势；深入探讨以义乌市为代表的县域会展业的创新实践，为城市会展业的未来发展提供理论支撑与实践指导。

会展业，自古以来便是商品交易、信息交换与文化碰撞的重要平台。它不仅是城市活力的象征，而且是国家经济实力的体现。然而，随着全球经济的波动与国际形势的复杂多变，会展业也面临着诸多不确定性与挑战。当前，会展业正经历前所未有的寒冬，但同时孕育了变革与重生的契机。因此，探索会展业高质量发展路径，不仅具有重要的学术价值，而且对城市的转型升级与经济的可持续发展具有深远的现实意义。

本书的研究思路始于对国际会展业发展历程的宏观审视。

通过深入分析 2008 年全球金融危机与 2020 年新冠疫情两次重大危机期间会展业的表现，揭示了会展业强大的韧性与复原力。无论是下降反弹、震荡调整，还是持续增长与复苏革新，会展业始终以其独特的方式，在全球经济体系中扮演着不可或缺的角色。同时，本书还总结了国际会展业的五大运作模式，这些模式各具特色，反映了不同国家和地区在会展业发展中的策略选择与实践经验。

在关注国际视野的同时，本书也将研究视角延伸至国内，特别是县域会展业的创新实践。义乌市，这座被誉为"世界小商品之都"的城市，其会展业的成长轨迹为我们提供了宝贵的借鉴与启示。义乌会展业依托深厚的商品资源与独特的商贸环境，通过政府的强有力支持、行业协会的专业化指导以及企业主体的积极参与，取得了一个县域城市就拥有 4 个 UFI 认证展会的标志性成果。义乌办展经验不仅在于其展会规模与数量的增长，而且在于其品牌塑造、国际化拓展以及政策福利效应的充分发挥。

然而，会展业的发展并非一蹴而就，它需要在不断的探索与创新中前行。本书探讨了义乌市会展业在发展过程中所面临的硬件设施滞后、国际化进程不足、"会展城市"的社会认可度尚显不足、品牌影响力和关联带动效应有待提升等挑战。针对这些问题，研究提出了一系列具有针对性的发展策略，包括新建与改造会展场馆、加强与国际会展组织的合作、挖掘新兴会展题材、推动会展业与旅游业的深度融合等。这些策略不仅有助于义乌市会展业的持续发展，而且为其他县域会展业提供了可复制、可推广的经验模式。

会展业作为现代服务业的重要组成部分,其发展不仅关乎城市经济的繁荣与增长,而且与区域经济的协调发展和城市功能的优化升级密切相关。本书通过对国内外会展业发展态势的深入分析,以及对义乌市会展业创新实践的细致剖析,揭示了会展业在推动区域经济一体化、促进文化交流与融合、提升城市国际形象等方面的积极作用。这些发现不仅为义乌市自身的发展提供了有力支撑,而且为其他城市在探索会展业与城市经济互动发展模式时提供了有益的启示与借鉴。

本书作为义乌自由贸易发展区市域产教联合体课题《义乌市会展业高质量发展路径与对策研究》的深化产物与转化成果,凝聚了课题组的智慧与心血。书中的研究内容虽致力于对国内外会展业发展态势的深入探讨,以及对义乌市会展业创新实践的细致剖析,但鉴于研究领域的复杂性与多样性,难免存在局限与不足。因此,诚挚地邀请广大读者批评指正。期望通过本书的出版,能够激发更多学者与从业者对会展业的关注与思考,共同推动会展业的新质跃迁,为城市经济的繁荣与社会的进步贡献绵薄之力。

本书的出版得到义乌工商职业技术学院和义乌自由贸易发展区市域产教联合体的资助。

目　录

第1章　绪　论/1

1.1　研究背景和研究意义/1

1.2　国内外研究述评/5

1.3　研究框架与概念界定/11

第2章　国际会展业发展图景：危机间的调整与革新/15

2.1　国际会展业发展历程与模式/16

2.2　国际会展业发展主题与趋势/27

2.3　国际会展业发展的适配案例 44

第3章　国内会展业发展态势与镜鉴启示/52

3.1　国内会展业发展新做法与新动向/52

3.2　国内城市会展产业发展共性问题/63

3.3　国内外会展业发展镜鉴启示/74

第 4 章 义乌市会展业发展资源与约束/86

4.1 义乌市会展业发展在地环境分析/86

4.2 义乌市会展业发展外部环境分析/96

4.3 制约义乌市会展业创新发展因素/101

4.4 义乌市会展业发展矩阵分析/109

第 5 章 精筑会展门户之都,推动义乌市会展业新质跃迁/120

5.1 数字引领,绿色赋能,人才筑基,培育义乌会展"专业"之城/122

5.2 凸显产业乘数效应,形成义乌会展"引擎"之城/126

5.3 挖掘新兴会展题材,塑造义乌会展"双效"之城/132

5.4 培育展旅新业态,打造义乌会展"嘉年华"之城/138

5.5 协同离岸自贸区战略建设,铸就义乌会展"国际"之城/144

5.6 旧馆焕新,新馆起航,场馆升级与空间综合体规划同步推进/147

第 6 章 结论与展望/153

6.1 研究结论/153

6.2 研究展望/159

参考文献/161

第1章

绪 论

1.1 研究背景和研究意义

1.1.1 研究背景

会展业,作为跨空间资源要素连接的桥梁与纽带,历来是城市实力、活力与创新力的重要体现。在当前全球化大背景下,会展不仅是商品交易的场所,而且是信息交流的平台、文化碰撞的舞台,对于促进地区乃至全球经贸往来、技术应用和文化交流具有重要意义。

2020年突如其来的"新冠"疫情使世界经济遭遇了半个世纪以来最严重危机,给会展业带来了前所未有的冲击:展会取消、延期,参展商和观众数量锐减,整个行业面临了近2年"急冻期"的严峻考验。当前,后疫情时代的全球会展业正迎来复苏与变革的双重机遇。一方面,随着全球经济的逐步回暖,会展业重回快速增长的轨道;另一方面,电商、云展的替代性,数字化、智能化等新技术应用和可持续发展理念深入也为会展业带来了前所未有的变革机遇。全球会展业正在经历一场深刻的变革与重启,这不仅为会展业的创新与发展提供了新的机遇,而且对城市的应对策略和转型能力提出了新的挑战。

本书正是在上述时代背景下应运而生,其研究的核心目的在于深入探索会展业实现高质量发展的有效路径:研究不仅宏观地聚焦于会展业的发展规律,而且将研究视角延伸至县域层面的创新实践,尤其着重分析义乌市这一具有独特代表性和重要研究价值的县域经济体中的会展业发展路径。

义乌这座被誉为"世界小商品之都"的城市,自1992年起便开始了其在会展业的探索与布局。依托于在小商品贸易领域的深厚积淀以及高度发达的物流网络体系,义乌市逐步发展出一套独具地方特色且成效显著的会展业发展模式。该模式以政府的强有力支持作为坚实基础,辅以行业协会的专业化指导,同时充分调动企业主体的积极参与,实现了综合型展会与专业型展会之间的协同并进,以及贸易展览与会议活动的深度融合,共同构建了一个良性互动、相互促进的会展业发展生态。在这一进程中,义乌市尤为注重品牌展会的培育与塑造。其中,中国义乌国际小商品博览会、中国义乌国际森林产品博览会、中国义乌进口商品博览会以及中国(义乌)国际袜子、针织及染整机械展览会四大展会,不仅成功获得了国际展览业协会(UFI)的权威认证,而且凭借其鲜明的专业性、高度的国际化程度以及广泛的影响力,成为义乌市会展业的标志性品牌。这些展会不仅为全球小商品贸易搭建了一个高效、专业的展示与交易平台,而且极大地增强了义乌市在国际会展领域的竞争力和话语权。然而,会展业的发展并非一蹴而就,它需建立在长期的战略规划与持续的创新实践基础之上。特别是面对当前会展业正经历的新一轮调整与革新期,如何在新的发展阶段进一步实现会展业发展模式的转型升级,优化会展业联动协同的产业结构,提升会展业国际化水平,增强其综合竞争力,这成为义乌市会展业发展进程中亟待探索与解答的重要课题。

1.1.2　研究意义

学术贡献:本书深入剖析了义乌市会展业的发展历程,并通过比较国内外会展业的发展态势,揭示了会展业在不同地域、经济和文化背景下的多元发展模式。这一研究不仅增补了会展业细分领域的理论成果,而且为构建更具普适性的会展业发展理论模型提供了丰富的案例和数据支持。同时,对义乌市会展业成功经验与存在问题的深入分析,有助于深化对会展业内在运行机制和外部影响因素的理解,为未来会展业的研究提供新的视角和方向。

实践指导:本书对义乌市会展业的高质量发展提供了直接的指导意义。通过深入分析义乌市会展业在资源配置、品牌塑造、国际化拓展等方面的具体做法与成效,为义乌市政府和会展企业提供了科学、可行的政策建议和发展策略。这些建议有助于义乌市会展业进一步巩固和提升其在国内外市场中的竞争优势,并为其他城市在推动会展业发展过程中提供了可借鉴的经验和模式。此外,本书还通过对国内外会展业发展态势的宏观把握,为义乌市会展业在国际舞台上寻求新的合作机遇和市场空间提供了前瞻性的思考和策略支持。

区域经济与城市功能:本书对促进区域经济的协调发展和城市功能的优化升级具有重要的现实意义。会展业作为现代服务业的重要组成部分,其发展不仅直接关系到相关产业的繁荣与增长,而且通过其强大的辐射效应和带动作用,促进区域经济结构的优化升级和城市功能的多元化发展。通过深入探索义乌市会展业的发展路径与成效,可以揭示了会展业在推动区域经济一体化、促进文化交流与融合、提升城市国际形象等方面的积极作用。这些发现不仅为义乌市自身的发展提供了有力支撑,而且为其他城市在探索会展业与城市经济互动发展模式时提供了有益的启示和借鉴。

1.2 国内外研究述评

相较于其他研究领域所累积的丰硕成果,会展业作为一个具有独特价值和潜力的研究主题,其在国内外学术界所受到的关注与研究力度尚显不足。结合本研究主题,这些学术文献可归纳于以下三个方面:

1.2.1 会展业的发展要素

通过对国内外会展业发展的广泛研究,可以归纳出驱动会展业高质量发展的几个核心要素,这些要素相互作用、相互支撑,共同构成了会展业高质量发展的动力体系。

创新驱动是会展业高质量发展的核心驱动力(Wu et al., 2022)。随着信息技术的飞速发展,大数据、人工智能、云计算等先进技术的应用为会展业带来了革命性的变革(Silva et al., 2022)。这些技术不仅提升了会展活动的运营效率和管理水平,而且丰富了展览形式,增强了参展体验(孙树青,2024;刘林艳,2018)。通过线上线下融合的新会展模式,打破了传统会展的时空限制,拓宽了市场边界,为会展业注入了新的活力(Silva et al., 2023;Neslin, 2022)。

产业集聚效应是会展业高质量发展的重要支撑。会展业与旅游、文化、商贸等相关产业的深度融合(严荣、覃凯璇等,2024;尹书华、戴光全,2023),形成了多元化的会展生态圈(Buhalis et al.,2019)。这种集聚效应不仅促进了产业链上下游企业的协同发展,而且丰富了会展内容,提升了展会的综合效益(Vitali et al.,2022)。通过构建完善的会展产业链和生态体系,会展业能够吸引更多高质量的参展商和观众,形成良性循环,推动会展业持续健康发展(Mora et al.,2022)。

市场需求导向是会展业高质量发展内在要求。随着市场细分化趋势的加剧,参展商和观众对会展活动的需求日益多元化和个性化(Wang et al.,2019)。因此,会展业必须精准把握市场需求,提供专业化、定制化的服务,以满足不同参展主体的多元化需求(何夷,2023)。这种市场导向服务模式有助于提升展会的吸引力和影响力,增强参展商和观众的满意度和忠诚度。

品牌是会展业的核心竞争力之一。知名展会品牌凭借其良好的口碑和影响力,能够在全球市场中占据领先地位,吸引更多高质量的参展商和观众(Kennett-Hensel et al.,2019)。因此,加强品牌建设和营销推广,提升展会的知名度和美誉度,是推动会展业高质量发展的关键举措之一(Rai & Nayak,2020;黄玉妹,2015)。同时,随着全球化的深入发展,会展业的国际化拓展已成为大势所趋。通过参与国际会展组织、举办国际知名展会等措施,会展业能够提升其在全球市场中的竞争地位,实现更高水平的国际化发展(Schabbing,2022)。

政府在会展业发展中发挥着重要作用(何会文、付千娱,2024;余洁、邵淑敬,2023)。通过制定产业规划、提供政策支持和资金扶持等措施,政府能够推动会展业的快速发展(杨玉英、雷春等,2019)。同时,制度创新也是会展业高质量发展的重要保障。通过完善会展业管理体制、优化会展活动审批流程、加强知识产权保护等措施,能够营造良好的会展业发展环境,激发市场活力和创新动力,推动会展业向更高水平发展(耿松涛、杨晶晶等,2020;李勇军,2017)。

综上所述,这些要素相互交织、共同作用,构成了会展业高质量发展的动力体系,为会展业的持续、健康发展提供了有力支撑。

1.2.2 会展业的发展溢出

会展业作为现代服务业的重要组成部分,其溢出效应显著,对区域经济乃至全国经济均产生深远影响(俞华,2017;罗秋菊、罗倩文,2016)。

会展业直接带动人流、物流、资金流和信息流的汇聚,刺激举办城市的酒店住宿、餐饮娱乐、交通运输等相关行业的发展,形成显著的产业关联效应(孟奕爽、黄心玉,2024;吴青兰、陈民伟等,2023)。展会期间,大量参展商和观众的涌入,直接提升了酒店入住率和餐饮消费,进一步促进了当地就业和税收增长

(Li,2023)。会展业通过搭建平台,促进国内外企业交流合作,加速技术、产品和信息的传播,为举办城市带来知识溢出和创新激励(杨子实,2021)。展会不仅是产品展示的舞台,而且是行业交流、思想碰撞的阵地,有助于激发新的商业模式和市场需求,推动产业升级和转型(郑晓星,2023)。

会展业的发展还能显著提升举办城市的知名度和美誉度,增强城市的国际影响力和竞争力(吴培培、朱小川等,2022)。大型国际展会的成功举办,不仅能够吸引全球目光,而且能促进城市基础设施的完善和城市形象的提升,为城市带来长远的综合效益(张苏缘、顾江,2023)。会展业的溢出效应还体现在对旅游业的带动上(Rojas-Bueno et al.,2022)。展会与旅游紧密相连,许多展会观众和参展商在参展之余,还会选择游览当地景点,体验城市文化,从而推动旅游市场的繁荣(宋瑞、王业娜,2024)。这种"会展+旅游"的模式,不仅丰富了展会的功能,而且为旅游业带来了新的增长点(殷杰、杨艺同,2020)。

综上所述,会展业的溢出效应显著且多维,不仅直接促进相关产业的发展,而且通过知识溢出、形象提升和旅游业带动等方式,为区域经济乃至全国经济注入新的活力。因此,应高度重视会展业的发展,充分挖掘和利用其溢出效应,推动经济高质量发展。

1.2.3 会展业的发展路径

会展业作为现代服务业的重要分支,其发展路径展现了多维度特征(Bauer & Borodako,2019)。

从全球视角来看,会展业发展路径呈现出显著的国际化趋势(贾岷江、王雪婷等,2017)。发达国家如德国、美国等,凭借其完善的会展设施、成熟的运营体系及品牌影响力,主导了国际会展市场的格局(张晓明、张健康,2015)。这些国家通过持续的技术创新和服务优化,不断提升会展业的国际化水平,进一步巩固了其在全球会展业中的领先地位。反观国内,会展业经历了从无到有、从小到大的快速发展过程。早期,国内会展业主要集中在少数大城市,随着产业结构的优化和区域经济的协调发展(花建、田野,2018;詹圣泽,2017),会展业逐步向中西部及中小城市拓展(王佩良、蔡梅良等,2018)。政府政策的扶持、基础设施的完善以及行业协会的引导,共同推动了会展业的区域均衡发展路径。

在数字化转型方面,国内外会展业均表现出积极的态势。通过大数据、云计算、人工智能等技术的应用,会展业实现了线上线下融合,提升了展览效率与观众体验(杨红、闫涵等,2024;Sihvonen & Turunen,2022;王绍媛、秦煜洺,2020)。数字会展平台的搭建,不仅打破了地域限制,而且拓宽了市场覆盖面,为会展业注入了新的活力(肖皓、唐斌等,2023;胡慧源、年璐臻,

2021）。产业融合是会展业发展的另一重要路径。会展业与旅游业、文化创意产业、体育产业等的深度融合，不仅丰富了会展内容，而且拓展了产业链条，提升了会展业的经济附加值（万莹莹、姜长云，2024；何昭丽、施虐等，2023；易闻昱、杨倩，2022）。这种跨产业的合作模式，有助于形成多元化、立体化的会展业发展格局。会展业的发展路径将更加注重可持续性和创新性（McCartney & Leong，2018）。绿色会展、智慧会展等理念的提出与实践，将推动会展业向更加环保、高效的方向发展（章明、丁阔等，2023；Shang et al.，2023；蔡礼彬、司玲，2016）。同时，通过不断创新展览模式、拓展国际市场、加强品牌建设等措施，会展业有望在全球经济中发挥更加重要的作用。

综上所述，尽管会展业在现代经济体系中扮演着日益重要的角色，其对于促进经济发展、推动产业升级、增强城市竞争力等方面的影响日益显著。无论是会展业发展要素、发展溢出还是发展路径均呈现出多元化、多维化特征。然而，目前针对该领域的深入、系统性研究仍相对匮乏，这无疑为全面理解和有效指导会展业的行业发展、城市发展带来了一定的局限。因此，本书对会展业国内外发展态势的系统梳理和县域城市会展业发展实践与路径的深入思考能够为这一研究领域贡献边际成果，也为会展业的持续健康发展提供更为坚实的理论支撑与实践指导。

1.3 研究框架与概念界定

1.3.1 研究目的与研究思路

本书旨在深度剖析国内外会展业在后疫情时代的复苏态势与变革趋势,通过国际经验对比与国内县域实践探索,提炼义乌市会展业发展的独特路径与成功经验。同时,系统分析义乌市会展业面临的机遇与挑战,提出促进其高质量发展的创新策略,不仅为义乌市会展业转型升级提供科学指引,而且为其他城市会展业发展贡献可复制、可推广的模式与启示。

本书遵循"背景导入—国际借鉴—本土剖析—问题识别—策略构建"的研究思路,逐步展开。开篇以全局视角从国际和国内两个层面审视会展业的发展情况,确保研究具有全球视野和本土深度。继而深入剖析义乌市会展业在当前发展阶段所具有的比较优势、面临的机遇与挑战,明确发展中的"瓶颈"问题和潜在的发展空间,为后续的策略建议提供背景和依据。基于以上分析,从战略规划、政策支持、会展主题等多个维度提出具体的发展策略和建议。研究结论着重于结构优化、功能升级,同时强调可持续发展与效益最大化,确保建议的实用性与前瞻性,以期推动义乌市会展业的高质量跃迁。

1.3.2 研究内容与研究方法

本书研究内容主要分为以下几大部分：首先，绪论部分明确了研究背景与意义，阐述了会展业在全球经济中的重要作用以及后疫情时代的新挑战与机遇。随后，第二章聚焦于国际会展业在两次全球性经济危机间的发展图景，系统分析国际会展业的发展历程、模式、主题与趋势，为国内外会展业的发展提供了宏观视角。接着，第三章则转向国内会展业的发展态势，探讨了国内会展业的新做法、新动向及共性问题，并结合具体城市案例进行深入剖析。再后，第四章重点分析了义乌市会展业的发展资源与约束，通过梳理义乌市的资源优势、制度创新及面临的制约因素，为义乌市会展业的进一步发展提供了实证基础。最后，第五章提出了义乌市会展业高质量发展的策略建议，包括数字化、绿色化转型、产业链整合、国际化拓展等方面，旨在为义乌市乃至其他县域会展业的发展提供科学指导和可借鉴的经验模式。

本研究采用了多科学研究方法，以确保研究结果的准确性与可靠性。首先，通过文献回顾与理论梳理，构建了会展业发展的理论基础，为后续研究提供了坚实的支撑。其次，创新性地运用了 CiteSpace 信息计量与可视化工具，对国际会展业的发展主题与趋势进行了量化分析与可视化呈现，使得研究结论更加直观且具说服力。这一方法不仅帮助识别了会展业发展的关键领域，而且预测了未来的发展趋势，为义乌市会展业的发展策略制定提供了重要参考。再次，本研究还采用了实证研究的方法，通过实地考察、访谈调研等方式获取了义乌市会展业的第一手资料，深入分析了其发展现状、优势与不足。最后，结合定量与定性分析，利用TRIZ理论等工具对义乌市会展业的发展问题进行了深入剖析，并提出了针对性的解决方案。这些方法的综合运用，不仅提升了研究的科学性与深度，而且为会展业领域的理论与实践研究贡献了新的视角与方法。

1.3.3 核心概念界定

在展开详细论述之前，需首先对本研究的核心概念进行界定。概念的重要性不言而喻，它不仅构成了科学研究的逻辑基石，而且是量化分析的尺度口径。若缺乏明确的定义，研究讨论将陷入混沌，难以凝聚共识。

"会展"(exhibition)的定义。目前国内外并没有一个完全统一的、标准的界定，但存在一些行业共识(Rai & Nayak, 2020)。结合国际展览业协会(UFI)、国际展览管理协会(IAEM)、中国国际贸易促进会、中国会展经济研究会、中国展览业协会等发布的资料信息，课题组认为"会展"是个综合性概念，通常是会议、展览、大型活动等组织性、集聚性交流活动的简称；"会展"的重点在于有市场导向的"展"，即展示和宣传，旨在促进信息交流、品牌传播、产品销售，进而产生相对交易。因此，"会展"的外延以各种类型的博览会、展览会、交易会、展销会为主。

"会展"类型。会展存在多种分类标准，如展览内容（工业、农业、科技等）、规模（国际、国内、地方等）以及形式（线上、线下、混合等）。本报告旨在为决策者及行业人士提供有价值的参考，而非纯学术研究，因此将会展划分为专业展和消费展两大类。这种分类是基于两者在活动策划、执行以及市场策略等方面的显著差异。

专业展（Trade Shows / B2B Exhibitions）：主要是指面向特定行业或专业领域的展览活动。这类展览通常聚焦于某一具体特定行业或专业领域，如机械制造、医疗器械、电子信息等。参展者主要是行业内的企业、研发机构和专业人士，他们通过展示最新的产品、技术和解决方案，来寻求商业合作、技术交流和市场拓展的机会。此类展览专业性强、观众针对性高，是促进行业内交流和合作的重要平台。

消费展（Consumer Shows / B2C Exhibitions）：主要是指面向广大消费者的展览活动。这类展览展示的多是消费品，如食品、家居用品、艺术品等，旨在吸引消费者的兴趣和购买欲望。消费展览的参展者主要是生产商、销售商和品牌商，他们通过展览来推广产品、提升品牌知名度，并与消费者建立直接的互动和联系。此类展览观众群体广泛、互动性强，是商家与消费者之间沟通和交易的重要桥梁。

第 2 章

国际会展业发展图景：危机间的调整与革新

现代会展业的发展源头可追溯至 1851 年在英国伦敦举办的"万国工业博览会"（The Great Exhibition of the Works of Industry of all Nations）。历经一个多世纪的演进，会展业如今已超越单纯的经济活动范畴，成为衡量一个国家或地区经济实力与科技水平的重要窗口，同时也是推动文化交流和国际合作不可或缺的平台。本研究聚焦于"当前"会展业发展态势，不对漫长的历史脉络进行追溯。同时，鉴于全球性经济波动对各地区产业发展的深远影响，课题组特别选取 2008 年和 2020 年两次全球性经济危机作为研究的关键时间节点，通过剖析这两次危机间国际会展业发展历程、模式、主题与趋势，以揭示当前国际会展业的发展图景。这一观测时段的选择，不仅有助于把握会展业在危机背景下的应对策略与转型路径，而且为理解当前会展业的发展态势提供宝贵的视角和启示。

2.1　国际会展业发展历程与模式

2.1.1　国际会展业发展的四阶段历程

图2-1是2008—2014年全球主要地区会展企业收入增长趋势,图2-2是2010—2022年全球TOP40会展企业收入。2008年至2022年全球会展企业的营业收入和增长趋势映射了国际会展业15年的发展轨迹,大体分为下降反弹期、震荡调整期、持续增长期和复苏革新期四个阶段。这一历程充满了动态变化,也深刻体现了会展业令人瞩目的强韧特质——顽强生命力和快速复原力:在面对2008年与2020年两次全球性经济危机时,该行业不仅成功稳住了市场地位,更在危机后的短暂时间内实现了迅速调整与恢复,达到了危机前的行业水平。值得一提的是,在后危机常态期内,全球会展业呈现出了快速复原后的持续增长势头。这一表现不仅证明了该行业具有出色的风险抵御能力,而且向市场发出了一个明确的积极信号:会展业蕴藏着巨大发展潜力,市场前景广阔,值得投资界、产业界、企业界高度关注。

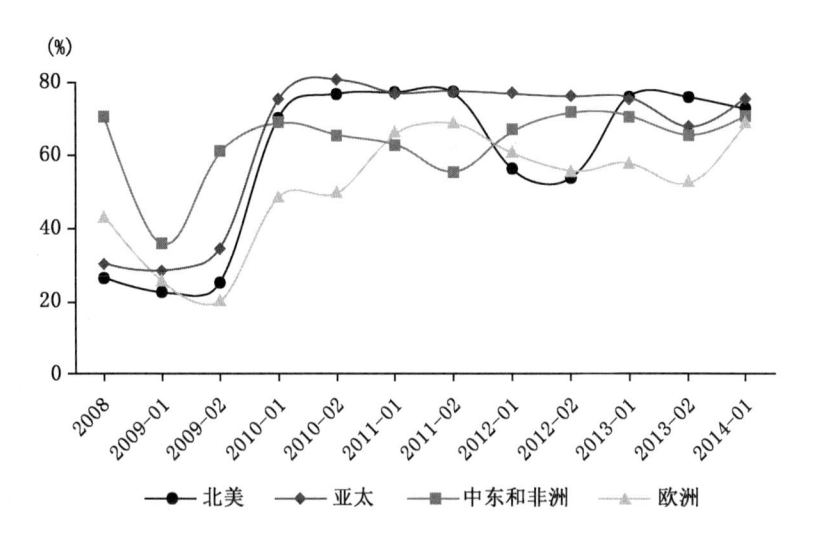

资料来源：课题组 UFI 官方资料采集整体。

图 2-1　2008-2014 年全球主要地区会展企业收入增长趋势

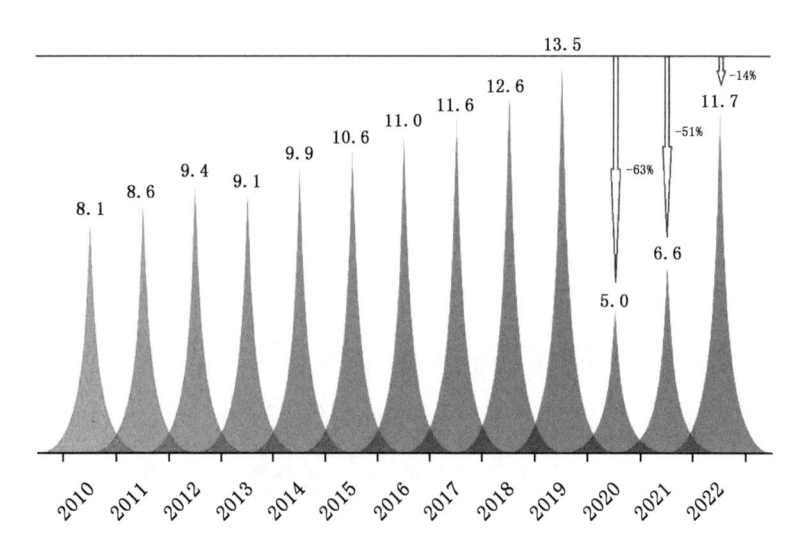

资料来源：课题组 UFI 官方资料采集整体。

图 2-2　2010-2022 年全球 TOP40 会展企业收入

2.1.1.1　第一阶段：下降反弹期(2008—2009年)

2008年,全球金融危机席卷而来,对各行各业造成了前所未有的巨大冲击,会展业也未能幸免于难。这场危机导致世界各地区会展企业的收入普遍出现了大幅下滑,全球会展业因此陷入了前所未有的困境之中。图2-1以清晰的数据和趋势线直观地展示了这一年全球会展企业收入整体跌至低谷的严峻形势。在区域性分析中,中东和非洲市场的会展企业收入下跌幅度尤为明显,其次是欧洲市场。这些地区的会展产业在2008年全球经济危机的肆虐下,遭受了较为严重的冲击,收入锐减,市场萎靡。相比之下,亚太和北美市场虽然同样面临着严峻的挑战,但会展企业收入的下降幅度相对较小,表现出了相对较强的抗风险能力。这一现象可能归因于亚太市场的会展产业尚处于发展初期,具有较大的成长潜力和适应性;而北美市场则得益于其成熟的产业链和稳固的市场基础,因此在面对经济波动时展现出了较强的抵御能力。然而,值得庆幸的是,这一时段内的会展业并没有被危机所击垮。2009年末,会展业即出现了明显的反弹势头。各地区会展企业的收入均有所回升,市场活力逐渐恢复。这一积极的变化充分展现了会展业在经历短暂低迷之后所具备的强大恢复力和生命力,也预示着全球会展业将迎来新的发展机遇和挑战。

2.1.1.2　第二阶段：震荡调整期(2010—2013年)

在这一阶段，全球会展企业的收入状况展现出了短期内的强劲增长态势与一定的波动性，然而其总体发展趋势仍然保持着相对的稳定性。2010年初，各地区会展企业收入普遍经历了显著的增长，这一积极态势在亚太、北美和欧洲市场尤为突出，这些地区在短短半年内便成功恢复至金融危机前的收入水平。相较于亚太和北美市场的强劲复苏，欧洲市场的恢复力度虽稍显不足，但仍呈现出积极的增长趋势，显示出欧洲会展业在逆境中的坚韧与潜力。进入2011年，全球会展企业收入的增长态势开始出现分化现象。欧洲市场的会展企业收入继续呈现稳步增长，而亚太和北美市场的收入增长则似乎已经放缓，甚至出现停滞状态。这一分化趋势可能反映了不同地区在全球经济复苏进程中的差异性与不平衡性，同时也可能受到当地经济政策、市场需求以及行业竞争格局等多重因素的影响。2012年至2013年间，全球会展企业收入经历了一定程度的波动。这一波动趋势可能与当时全球经济的不稳定性密切相关，如欧债危机的持续影响、全球贸易增长的放缓以及地缘政治风险等因素都可能对会展业造成直接或间接的冲击。此外，这一时期的会展业也可能面临着行业内部的结构性调整与创新挑战，进一步加剧了收入的波动性。总之，2010年至2013年间全球会展企业收入的变化呈现出震荡调整的特征，这一趋势深刻揭示了会展业在全球经济复苏过程中所面临的挑战与不确定性。

2.1.1.3　第三阶段:持续增长期(2014—2019年)

图2-1和图2-2清晰地揭示了2014年至2019年间,全球会展企业收入所经历的一个稳定且持续的增长阶段。在这一时期内,全球会展业的增长趋势虽不陡峭,但却展现出一种稳健且有力的发展态势,这标志着全球会展业进入了一个相对繁荣且充满活力的发展周期。具体而言,至2014年,全球会展企业收入已经成功恢复至一个较高的水平,并且自此开始步入了一个稳步增长的发展轨道。这一积极趋势持续至2019年,当年全球会展业收入达到了近十年来的最高峰,总计135亿欧元。这一数据不仅彰显了会展行业的强劲复苏能力,而且深刻反映了其在全球经济体系中的重要地位以及不可替代的作用。在这一增长阶段中,北美、亚太、中东和非洲以及欧洲这四个主要地区的会展企业收入均实现了稳步的提升,共同推动了全球会展业的繁荣发展。尤为值得一提的是,亚太地区在这一时期的增长表现尤为显著,这可能与该地区经济的快速崛起、会展市场的蓬勃活力以及中国会展市场的迅猛发展等因素密切相关。亚太地区的强劲增长不仅为全球会展业的整体繁荣做出了重要贡献,也进一步凸显了该地区在全球会展版图中的崛起之势,以及其在全球会展业中的重要地位。此外,这一时期的全球会展业还展现出了其强大的韧性和适应力。面对全球经济环境的复杂多变,会展业不仅能够迅速调整策略,积极应对各种挑战,而且能够不断创新,拓展新的市场和业务领域。这

种强大的适应力和创新能力,无疑为全球会展业的持续增长提供了有力的保障。

2.1.1.4 第四阶段:复苏革新期(2020年至今)

受"新冠"疫情的严重冲击,全球会展业再次经历了一场前所未有的挑战与转型。如图2-2所示,2020年会展业遭遇了空前的困境,其收入大幅下滑,与2019年相比剧降了63%,几乎触及行业底线。然而,随着全球疫苗接种工作的有序推进以及各国政府逐渐放宽的防疫政策,会展业开始展现出复苏的迹象。2021年,会展企业的收入已经开始触底反弹,达到了66亿欧元,尽管回升的幅度尚显温和,但这一变化已经清晰地传递出行业正在逐步走出低谷的积极信号。进入2022年后,会展业的恢复势头变得越发强劲,其收入较2021年实现了77%的显著增长,达到了117亿欧元。这一数据不仅反映了会展业复苏步伐的加快,而且预示着行业正在逐步回归正常的发展轨道。然而,深入分析后发现,与2008年后会展业的快速复苏相比,2020年行业危机后的恢复进程显得相对迟缓。这一现象既受到了疫情消退速度的影响,也反映了行业在此阶段所经历的深刻自我革新与调整。在此期间,会展业展现出了显著的创新意识和变革精神。为了应对疫情带来的挑战,多家企业积极拥抱数字化转型,试图将传统的线下会展与线上直播、虚拟现实等尖端科技相结合,以提升参展商与观众的互动体验,并拓展会展的市场边界。这种创新的尝试不仅为会展业带来了新的发展机遇,而且为其在全球经济中继续发挥重要作用奠定了坚实的基础。总体来说,第四阶段的走势表明全球会展业正在逐步复苏,并有望在未来迎来更加广阔的发展前景。

2.1.2 国际会展业运作的五类模式

一个城市或地区的会展业运作模式,是多因素综合作用的结果。这些因素包括但不限于产业基础、决策者偏好、政策扶持、市场需求、行业协会的参与度、基础设施状况以及科技创新能力等。其中每一个因素都与其他因素产生着动态的、互为因果的联系。例如,强大的产业基础可能催生旺盛的市场需求,进而推动会展业的市场化发展;而政府的扶持政策又可以为这一进程提供必要的制度保障和资源支持。良好的交通网络、现代化的会展场馆、便捷的公共服务设施等,不仅能提升参展商与观众的体验,而且能吸引更多高质量会展项目落地,从而促进会展业的繁荣。而科技创新能力则是会展业转型升级的重要驱动力。一个城市或地区若能在基础设施建设与科技创新方面持续投入与优化,无疑将为其会展业的持续健康发展奠定坚实基础。除此之外,会展的题材多样性、规模差异以及其蕴含的商业、社会、战略价值高低,均会深刻影响会展的发起者、主办方和承办方的组织特性,进而决定了政府对展会的关注度和介入程度的差异,从而催生出多样化的会展运作模式。按照这种分类标准,会展业主要分为五类运作模式(表2-1):其一为政府主导型,强调政府在资源配置与战略规划中的核心作用;其二为企业推动型,凸显企业在市场驱动下的主导作用;其三为商业运作型,突出市场化、专业化运营策略;其四为协会/非政府组织型,体现行业协会或非政府组织的专业引领与组织优势;其五为合资/合作型,强调跨主体、跨领域合作机制与资源共享。

表 2-1　　　　　　　　　国际会展业运作模式类型

模式	发起者	主办方	承办方	代表展会
政府主导型	通常由政府部门或政府授权的机构发起	政府机构或其下属单位担任主办方,负责展会的总体规划和决策	政府部门或政府委托的事业单位或企业	中国进出口商品交易会(广交会)、美国高点家具博览会
企业推动型	由企业发起,以市场需求为导向	企业作为主办方,负责展会的组织和实施	专业会展服务公司或企业自身的会展部门负责具体的执行工作	日本东京化妆品展览会、意大利米兰国际家具展
商业运作型	以营利为主要目的之企业或个人发起	商业公司为主办方,注重展会市场效益和商业回报	专业会展策划和执行公司,提供一站式服务	新加坡亚洲食品与酒店展、日本东京国际自行车展览会
协会/非政府组织型	行业协会、商会或非政府组织发起,以行业需求和会员利益为核心	协会或非政府组织作为主办方,协调资源和制订展会计划	协会自身的部门,或委托给专业的会展公司	广州国际鞋类皮革产业展览会、德国汉诺威车展——商用车及配件展
合资/合作型	由多方共同发起,包括政府、企业、协会等	多个组织共同作为主办方,共同承担展会责任和权益	根据合作协议,可能由一方或多方共同承办	大都友良国际会展(烟台)有限公司举办的展会

2.1.2.1　模式一:政府主导型

该模式是指由政府机构或其授权的组织发起并主办的会展

活动。这种模式下的会展通常规模大、影响力强,具有较高的公共性、公益性与战略性;其中,政府扮演着规划者和决策者的角色,会利用其资源和影响力,为会展提供财政支持、传播推广、政策扶持。在运作机制上,政府主导型会展通常由政府相关部门或政府授权的专业机构负责具体实施。这些机构会负责会展的策划、组织、宣传、协调等工作,并与各类合作伙伴包括企业、行业协会、国际组织等建立合作关系。政府会通过高标准的组织和服务,打造会展品牌,提升城市形象。

2.1.2.2 模式二:企业推动型

该模式是一种以企业为展会组织和实施主体的模式。在这种模式下,企业根据自身的市场战略和品牌推广需求,发起并主办会展活动。这些企业通常在相关行业或领域内具有较高的知名度和影响力,希望通过会展活动展示自身技术实力、产品优势或服务特色。企业会根据自身的市场定位和目标客户群体来策划展会内容,确保展会能够精准地传达企业的核心价值和信息。同时,企业也会利用自身行业资源和合作伙伴关系,邀请行业内其他企业或专业人士参与,增加展会的权威性和吸引力。在运作机制上,企业主导型会展通常由企业内部的相关部门或专门的会展团队负责策划和执行,也会与专业的会展服务公司合作,利用其专业知识和经验,提高展会的组织水平和服务质量。

2.1.2.3 模式三：商业运作型

该模式以市场需求为导向，由专业会展公司或商业机构策划与执行，追求经济效益最大化。这种模式的会展活动通常不依赖政府资金支持，而是通过商业化运作实现自给自足，甚至盈利，优势在于灵活性高、创新性强，能够快速响应市场变化。在商业运作型会展中，主办方需对市场进行深入分析，确定有潜力的会展主题和目标受众。策划团队会设计具有吸引力的展览内容和相关活动，如产品发布、行业论坛、商务配对等，以增加展会的竞争力和吸引力。此外，商业运作型会展注重品牌建设，通过有效的营销策略和广告宣传，吸引参展商和观众。运作机制上，商业会展通常由专业团队负责，这些团队具备市场分析、项目管理、客户服务等多方面能力。他们与各类合作伙伴，如展览场地、搭建商、媒体机构等建立合作关系，共同打造高质量的会展体验。

2.1.2.4 模式四：协会/非政府组织型

协会/非政府组织型会展运作模式是由行业协会、商会或非政府组织等非营利机构发起并主办的一种会展组织形式。这种模式旨在服务于特定的行业或社群，推动行业内的交流合作，提升行业标准，以及促进公共利益。这些组织通常拥有丰富的行业知识和专业网络，能够准确把握行业需求和发展趋势。因此，它们能够策划出针对性强、专业度高的会展内容，吸引行业内企业和专业人士参与。在运作机制上,协会或非政府组织会成立专门的会展工作小组或委员会,负责会展的策划、组织和执行。这些工作可能包括确定会展主题、邀请参展商和演讲嘉宾、安排会议日程、协调场地和设备、以及进行宣传推广等。此外,这类会展活动往往注重知识分享和行业交流,会设置研讨会、工作坊、圆桌会议等多种形式,为参与者提供学习和互动的机会。

2.1.2.5 模式五:合资/合作型

合资/合作型会展运作模式涉及多方合作,通常由不同组织、企业或政府部门共同发起和运营。这种模式结合了各方资源和优势,旨在创造协同效应,提升会展活动的规模和影响力。在这种模式下,合作伙伴可能包括政府机构、私营企业、行业协会、国际组织等,它们共同承担会展的策划、组织和实施工作。合资/合作型会展的一个关键特点是资源整合。各合作方利用自身的专业技能、市场渠道、资金实力和行业影响力,共同打造高质量的会展内容。运作机制上,合资/合作型会展通常建立一个联合管理机构或委员会,负责协调各方行动,制订统一的战略和计划。这个机构会监督会展的筹备进度,处理可能出现的问题,并确保各方利益得到平衡。

2.2 国际会展业发展主题与趋势

2.2.1 国际会展业发展的六大主题

图 2-3 是"国际会展业发展主题结构图谱"。该图谱由 1 221 个节点、16 752 条连线与 9 个发展主题构成,是信息计量软件 CiteSpace100%提取课题组在 WOS™ 数据库内采集观测期内(2008—2023 年)307 份会展业发展态势样本中的 13 137 个参考文献数据(样本数据的检索记录见表 2-2),按谱聚类与 LLR 算法以及关键词命名系统生成。度量图谱科学性的参数 Q 值与 S 值分别为 0.698 1 和 0.877 9,说明此次发展主题数据挖掘科学准确、令人信服。9 个主题按业界、学界在两次世界性经济危机间的 16 年时间段内关注程度大小,依次为:♯0 trade shows(贸易展会)、♯1 pipeline effect(管道效应)、♯2 exhibition center(会展中心)、♯3 temporary clusters(临时聚集)、♯4 growth(增长)、♯5 trade show performance(会展绩效)、♯6 competitiveness(竞争力)、♯7 specific export market(特定出口市场)、♯8 technology adoption(技术采用)。按观测期时序分析,9 个主题中有♯3、♯4、♯5 这 3 个主题不具时效性(见图 2-4),因此将这 3 个主题排除,只报告♯0、♯1、♯2、♯6、♯7、♯8 这 6 个主题。

图 2-3　国际会展业发展主题时序图谱

表 2-2　会展业发展态势样本 WOS™ 数据库检索记录与结果

数据库	检索结果	专业检索式/数据去重
♯1-WOS™	124 篇	(AK＝MICE OR KP＝MICE) AND TS＝exhibition and Preprint Citation Index (Exclude-Database) and Article (Document Types) and English (Languages)索引＝SCI-EXPANDED, SSCI, A&HCI, CPCI-S, CPCI-SSH, CCR-EXPANDED, IC;数据库有记录以来 1991－2024;首次检索时间:2024-04-18
♯2-WOS™	314 篇	(AK＝"exhibition industry" OR KP＝"exhibition industry") OR (AK＝exhibitor OR KP＝exhibitor) OR (AK＝"trade show*" OR KP＝"trade show*") OR (AK＝"trade fair*" OR KP＝"trade fair*") and Preprint Citation Index (Exclude-Database) and Article (Document Types) and English (Languages)索引＝SCI-EXPANDED, SSCI, A&HCI, CPCI-S, CPCI-SSH, CCR-EXPANDED, IC;数据库有记录以来 1996-2024;首次检索时间:2024-04-18
♯1 OR ♯2	434 篇	WOS™ 合并且去重数据集♯1 和♯2
会展业发展态势样本数据	320 篇	WOS™ 实际下载 2008-2024 年题录数据篇数(份数)

各年份数据:2008 年 7 篇,2009 年 2 篇,2010 年 17 篇,2011 年 13 篇,2012 年 13 篇,2013 年 6 篇,2014 年 21 篇,2015 年 15 篇,2016 年 13 篇,2017 年 22 篇,2018 年 24 篇,2019 年 24 篇,2020 年 33 篇,2021 年 28 篇,2022 年 33 篇,2023 年 36 篇,2024 年 13 篇。

2.2.1.1　主题一:贸易展会

国际会展业作为全球经济活动的重要组成部分,其对贸易展的关注度持续高涨,特别是在国际性大型贸易展会方面。这些展会不仅是商品和服务交易的场所,更是行业信息交流、技术展示和市场趋势分析的重要平台。贸易展会按照国际惯例,通

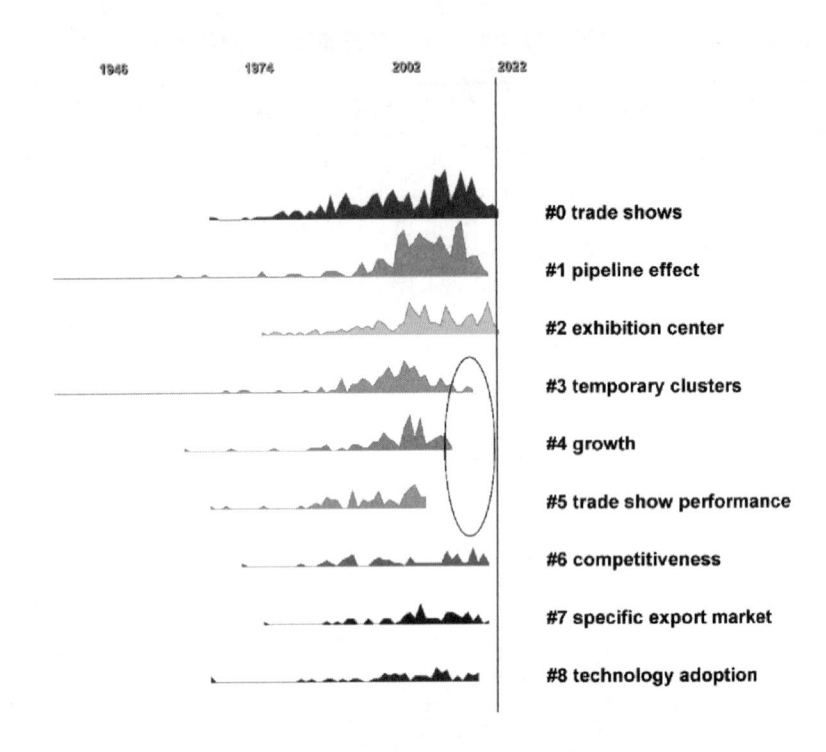

```
1946        1974        2002  2022
                              |
    ～～～～～～～～～～        #0 trade shows
    ～～～～～～～～～～        #1 pipeline effect
    ～～～～～～～～～～        #2 exhibition center
    ～～～～～～～～～～        #3 temporary clusters
    ～～～～～～～～～～        #4 growth
    ～～～～～～～～～～        #5 trade show performance
    ～～～～～～～～～～        #6 competitiveness
    ～～～～～～～～～～        #7 specific export market
    ～～～～～～～～～～        #8 technology adoption
```

图 2-4　国际会展业发展主题结构图谱

常被归类为 B2B(Business-to-Business)的专业展览，它们主要服务于制造商、进出口公司、贸易公司、进口商、分销商和批发商等企业，为这些商业实体提供一个集中的交流和交易场所。在这些贸易展会上，参展商有机会展示其最新研发的产品和技术，同时，通过与行业内其他专业人士的交流，可以获取宝贵的市场反馈和行业洞察。这种面对面的互动是在线交流所无法替代的，它能够促进更深层次的理解和信任建立，为后续的商业合作打下坚实的基础。

贸易展会的另一个显著特点是其专业性和针对性。通常，这类展会只对行业内的专业人士开放,确保了参展商和观众的专业性和高质量交流。这种准入限制有助于提高展会的商业效率,使得参展商能够更精准地接触到潜在的合作伙伴和客户。随着全球化的不断深入,国际性的大型贸易展会在促进跨国界商业合作方面发挥着越来越重要的作用。它们不仅为企业提供了一个展示自身实力的平台,而且为不同国家和地区的企业之间搭建了桥梁,促进了全球资源的优化配置和市场的有效对接。此外,贸易展会也是企业进行市场调研的重要途径。通过观察和分析展会上的其他参展商和观众的反应,企业可以更好地了解市场需求、消费者偏好以及竞争对手的动态,从而调整自身的产品策略和市场定位。

2.2.1.2 主题二:管道效应

管道效应,即会展业知识溢出管道效应。展会如"管道"让知识、技术等信息集聚、筛选、重构,并在参展商、观众、行业专家间流动扩散。这种效应不仅局限于展会现场的直接参与者,如参展商和观众,而且通过知识溢出,对整个产业链乃至地区经济产生深远的影响。会展活动作为知识集聚的平台,为参展商和观众提供了一个面对面交流的机会。在这里,最新的研究成果、技术革新和市场趋势得以展示和讨论。参展商通过展示自己的产品和服务,可以收集来自行业专家和同行的反馈,从而对自己的产品进行迭代和优化。观众则可以通过观摩和学习,获取行业内的最新动态,为自己的业务决策提供信息支持。在会展过程中,参与者不仅分享现有的知识,而且可能激发新的思考和创意。这些新的想法和解决方案可以迅速在行业内传播,推动整个行业的创新和发展。

当然,会展活动中的知识溢出不仅限于展会现场。通过参展商和观众的后续交流与合作,这些知识可以进一步传播到产业链的上下游企业,推动整个产业链的创新和进步。例如,一个新技术的展示可能会激发供应商对原材料的改进,或者激发分销商对销售策略的调整。此外,会展活动对周边产业和地区经济的带动作用不容忽视。展会的举办吸引了大量的人流、物流和信息流,为当地的交通、住宿、餐饮等服务业带来了商机。同时,这些服务业的发展又为会展活动提供了更加完善的配套服务,形成了一个良性循环。会展活动还促进了信息流的迭代升级与创新。总之,会展活动作为一个巨大的知识交流平台,推动了行业内外各种资源的有效整合与共享。这种整合和共享不仅提高了资源的利用效率,也为参与者创造了更多的合作机会和商业价值。会展业的"管道效应"是其独特且重要的价值体现。

2.2.1.3 主题三:会展中心

会展中心,即会展场馆在会展业中扮演着不可或缺的角色。它不仅是会展活动的物理载体,而且是推动城市经济发展的地标形象,在特殊情况下,还可作为应急避难场所,承担社会服务和公益责任。按照国际会展业官方最新数据显示,截至 2023

年,全球拥有室内展览面积不少于5 000平方米以上的会展场馆共1 425座,总场地面积为4 210万平方米。其中,面积超过10万平方米的大型场馆有81个,占比6%;面积在2万至10万平方米之间场馆有500座,占比35%;室内面积在5 000到20 000平方米之间场馆有844座,占比59%。这表明全球会展场馆在规模上呈现多样化的特点,既有大型综合性场馆,也有适用于各类专业展览的中小型场馆。

从地理分布来看,全球会展场馆主要集中在欧洲和亚太地区。其中,欧洲地区会展场馆的总容量达到了1 570万平方米,而亚太地区的场馆总容量为1 540万平方米,两者在容量上占据显著优势。与此同时,这些地区的场馆数量也位居前列,分别为497个和404个,表明这两个地区在全球会展行业中占据重要位置。相比之下,北美、中南美以及中东与非洲地区的会展场馆在容量和数量上相对较少。简言之,2023年全球会展场馆地理区域分布呈现出以欧洲和亚太地区为主导,其他地区相对分散的特点。

从这些场馆的国别分布来看,中国拥有最多的会展场馆面积,达到了1 235万平方米,并且总面积占比最高,达到29.30%,这显示出中国在全球会展场馆资源中的重要地位。美国紧随其后,会展场馆面积达到了626万平方米,总面积占比14.90%,显示了其在全球会展经济中的强劲实力。欧洲国家,如法国、德国、意大利、荷兰等在欧洲的会展场馆资源也占据了相当重要的地位,巴西、印度、俄罗斯等发展中国家的会展场馆资源也在逐步增加,显示出全球会展市场向多元化发展的趋势。这种分布态势首先体现了会展业发展的地域集中性,也揭示了会展业发展的不平衡性。

当前,会展场馆如何嵌入先进技术、设备,如何适应多元、前沿展览主题,如何在综合考虑周边环境适应性和城市产业发展方向基础上进行科学选址,如何实现场馆的可持续利用等,这些都是国际会展业发展过程中重点关注话题。

2.2.1.4 主题四:会展竞争力

会展竞争力的构建是一个多方面、多层次的过程,涉及政策环境、品牌化、数字化与智能化、产业带动效应、专业性与针对性等多个方面。国际会展业学界和业界关注这一主题,是因为它直接关联到一个国家或地区在全球会展市场中的地位和影响力。会展竞争力的强化,不仅能够吸引更多的国际会议和展览,促进文化交流和经济合作,而且能带动相关产业链的发展,提升地区的国际形象和吸引力。

首先,政策环境是塑造会展竞争力的基石。各国政府通过制定有利于会展业发展的政策,如税收优惠、资金扶持、简化审批流程等,为会展活动的举办提供了便利条件。这些政策的实施,能够降低会展活动的运营成本,提高效率,吸引更多的组织者和参与者,从而增强会展业的吸引力和竞争力。其次,品牌化是提升会展竞争力的重要策略。通过打造具有国际影响力的会展品牌,可以提高会展活动的知名度和认可度,吸引更多的参展商和观众。品牌化的会展活动往往具有更高的专业性和针对性，能够满足特定行业或领域的需求，提供更加深入和全面的交流平台。再次，数字化与智能化是当前会展业发展的重要趋势。随着信息技术的快速发展，数字化工具和智能化系统被广泛应用于会展活动的策划、组织、管理和服务中。这些技术的应用，不仅提高了会展活动的效率和便捷性，而且为参与者提供了更加丰富和互动的体验，增强了会展活动的吸引力。最后，会展业的产业带动效应是其竞争力的重要体现。会展活动能够吸引大量的人流、物流和信息流，带动交通、旅游、酒店、餐饮等相关产业的发展，形成产业链的联动效应。这种带动效应不仅促进了地方经济的繁荣，而且为会展业的发展提供了更加广阔的空间。

上述这些具体竞争力方向的基础是会展业的专业性与针对性。专业的会展活动能够满足特定行业或领域的需求，提供深度的交流和合作机会。针对性的会展服务能够满足不同客户的需求，提供个性化的解决方案。同时，优质的人力资源和充足的资本资源为会展业的发展提供了坚实的支撑。

2.2.1.5 主题五：特定出口市场

特定出口市场这一主题在国际会展业中具有重要的地位和作用。通过深入研究和实践探索，可以更好地理解中小企业如何利用国际贸易展会开拓海外市场，提升自身的国际竞争力，同时也为会展业的发展提供新的思路和方向。在国际经济往来中,地理距离是中小企业出口的一个重大障碍。由于资源和信息的局限性,中小企业往往难以直接接触到海外市场,而大型国际贸易展会提供了一个有效的平台,帮助企业克服这一障碍。通过参加展会,企业可以与来自不同国家和地区的买家和供应商进行面对面的交流,获取第一手的贸易信息,从而有针对性地开拓特定国家的市场。不仅如此,大型国际贸易展会对中小企业的"定位"功能至关重要。展会不仅为企业提供了一个展示自身产品和技术的平台,而且通过各种论坛、研讨会等活动,帮助企业了解目标市场的行业趋势、消费者需求和市场准入规则等信息。这些信息对于企业制定出口策略、优化产品定位和提高市场竞争力具有重要意义。会展业发展需要具备国际视野。这不仅体现在举办国际展会,吸引全球买家和供应商,而且包括紧跟国际趋势,洞察全球会展市场的动态变化。通过学习和借鉴国际先进经验,企业可以优化自身的会展服务和管理模式,提升国际化运营水平,更好地适应不同国家和地区的市场环境。此外,对国际资源的整合能力也是会展业发展的关键。通过引入国际知名企业和品牌,会展活动可以增强自身的国际影响力和吸引力,为中小企业提供更多的合作机会和市场渠道。同时,这也有助于提升会展业的整体竞争力,提升对国际趋势的敏感度和响应速度,及时调整展会主题和内容,适应全球市场的变化。

2.2.1.6 主题六:技术采用

技术采用在国际会展业中的重要性日益凸显,它不仅代表着行业创新的前沿,而且是推动其持续进步的核心力量。随着科技的飞速发展,一系列新兴技术如大数据、人工智能、虚拟现实、区块链、云计算等,已经成为会展业转型升级的重要推手。

在会展策划和组织过程中,大数据技术的应用使得组织者能够深入分析参展者和观众的行为模式和偏好,从而实现精准的市场定位和个性化的服务提供。这种基于数据的洞察,为会展策略的制定提供了坚实的支撑,使得会展活动更加贴近市场需求,提高了参展者和观众的满意度。人工智能技术的融合,为会展业带来了智能化服务的新纪元。AI客服、语音识别、智能推荐等应用,极大地提升了服务效率和质量。智能客服能够提供全天候的咨询服务,而语音识别技术则有助于收集和分析会议内容,智能推荐系统则能够根据用户行为提供定制化的内容推荐。虚拟现实技术的引入,为会展业开辟了全新的展示空间。它打破了传统展览的局限,允许参展者在不受物理空间约束的虚拟环境中进行沉浸式体验。这种创新的展示方式,不仅增强了参展者的参与感,而且为会展内容的呈现提供了更广阔的创意空间。区块链技术的引入,为会展业的数据交换和存储提供了安全、透明、不可篡改的解决方案。它在合同管理、版权保护、支付结算等方面的应用,确保了交易的公正性和透明度,为会展业的健康发展提供了坚实的保障。云计算技术的普及,为会展业的数据管理和分析提供了强大的支持。云计算平台的灵活性和高效性,使得数据的实时同步、共享和分析成为可能,极大地提升了会展管理和运营的决策效率。

总体来看,新技术的采用正在深刻地改变着国际会展业的运作模式,推动着行业的创新和发展。国际会展业对新技术的关注和运用,实际上是在为行业的长远发展注入了强大的动力,体现了会展业适应时代变化、追求卓越发展的前瞻性思维。

2.2.2 国际会展业发展的八种趋势

图2-5是"国际会展业发展趋势主题图谱"。该图谱由信息计量工具CiteSpace100%提取会展业复苏时段2022—2024年最新题录信息4 523个样本数据,按谱聚类与LLR算法以及关键词命名系统生成557个节点、6 041条连线与8个发展趋势主题构成。度量图谱科学性的参数Q值与S值分别为0.630 6和0.855 7,说明此次国际会展业发展趋势主题数据挖掘科学准确、令人信服。8个发展趋势主题依次为:♯0 value cocreation(价值共创)、♯1 industrial cluster(产业集群)、♯2 mice tourism(会展旅游)、♯3 innovation intention(创新意图)、♯4 sustainability(绿色会展)、♯5 trade fair(贸易博览会)、♯6 network capability(网络能力)、♯7 artificial intelligence(人工智能)。

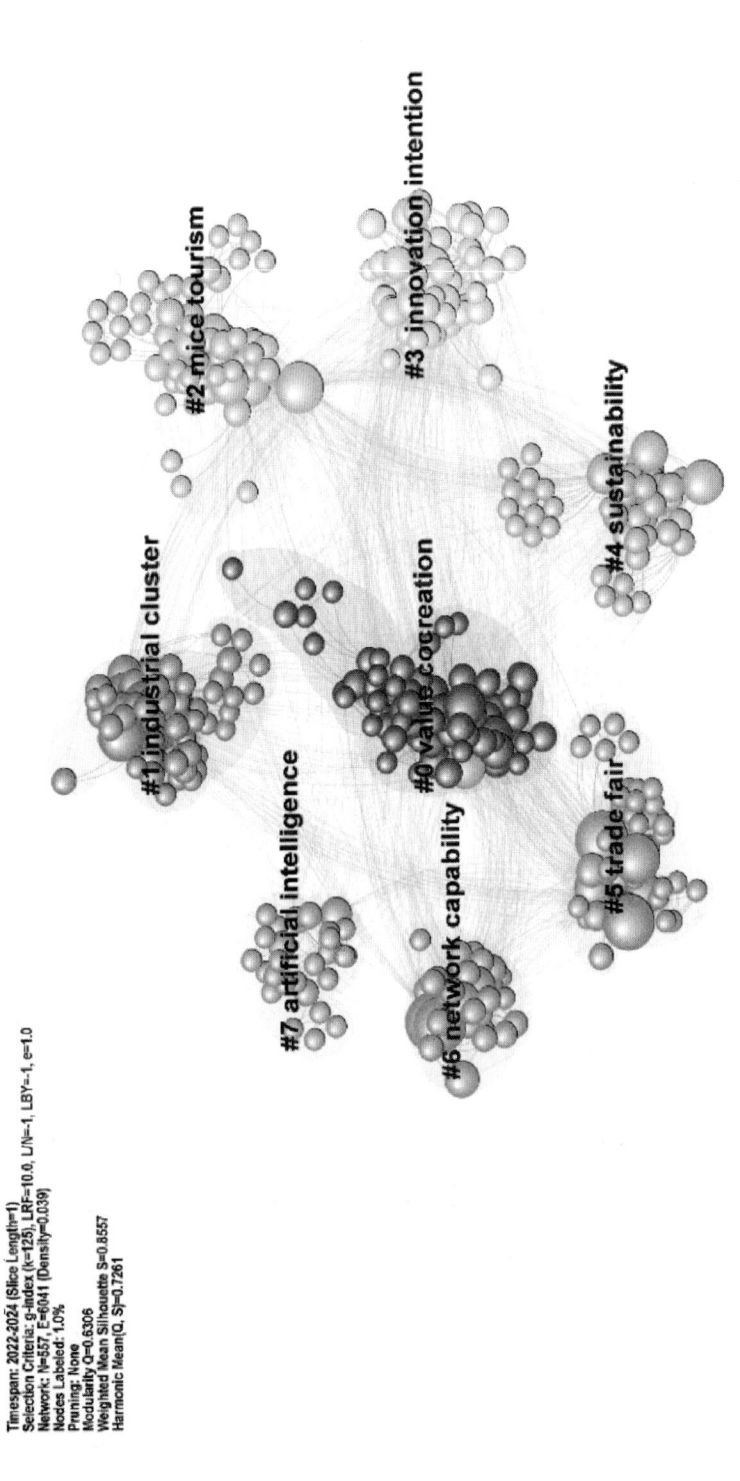

第 2 章　国际会展业发展图景：危机间的调整与革新　　39

图 2-5　国际会展业发展趋势主题图谱

2.2.2.1 趋势一:价值共创

会展业作为现代服务业的支柱,近年来逐渐显现出价值共创趋势。与过去仅注重产品展示和交易不同,现代会展业更看重与会者、参展商、观众等在展会中的价值获取。展会成为了一个集思广益、共创价值的平台。为实现这一目标,会展业通过构建平台、组织论坛和研讨会,为各方提供交流空间,催生新创意与商机。同时,建立反馈、评价和合作机制,保障各方平等参与、获益,形成良性生态,推动可持续发展。

2.2.2.2 趋势二:产业集群

产业集群,即会展业高质量发展的产业集群趋势。会展业具有强大的乘数效应,推动着其他产业的蓬勃发展。举办大型展览会能吸引数以万计的人流,进而带动酒店、餐饮、交通、零售等多个行业的繁荣。此外,会展业还能促发集群效应,将相关产业紧密联结,形成强大的产业集群。以杭州为例,每年举办的国际动漫节成为推动本地动漫产业发展的关键平台。动漫节汇聚了众多动漫企业和创作者,展示了最新的动漫作品和技术。借此机会,杭州政府积极推动本地动漫企业与国内外同行的交流合作,成功培育出一批优质动漫作品和企业,为本地动漫产业注入了源源不断的发展动力。

2.2.2.3 趋势三:会展旅游

"MICE"代表会展业的四种活动:会议(Meetings)、奖励旅游(Incentives)、大型企业会议(Conferencing/Conventions)以及活动展览和节事活动(Exhibitions/Exposition/Event)。会展旅游指随着会展行业的不断壮大,越来越多的会展活动开始与旅游相结合趋势。这种趋势的出现,既满足了人们对于商务与休闲的双重需求,也是经济社会发展的必然结果。此外,会展旅游还对于推动地方经济发展具有重要意义,为当地创造更多的经济效益和就业机会。因此,会展旅游趋势的持续发展,将为会展业和旅游业带来更加广阔的市场空间和发展机遇。

2.2.2.4 趋势四:创新意图

会展业在新兴技术的赋能下正迎来前所未有的创新发展机遇。从展会题材到展会呈现方式,再到技术应用和政策支持,会展业的创新无处不在。在展会题材上,现代会展不仅关注传统行业,而且拓展了更多新兴领域,如环保、新能源、智能制造等,满足了市场对新知识和新技术的需求;展会呈现方式上,借助虚拟现实、增强现实等先进技术,为参展者带来沉浸式的体验,使现场更加生动有趣;政策方面,国家及地方政府加大对会展业的支持力度,推动行业规范化、专业化发展,为会展业的创新提供了有力保障。

2.2.2.5 趋势五：绿色会展

会展业的绿色发展是响应联合国提出的"可持续发展"目标而衍生的趋势之一。具体来说，绿色会展注重使用环保材料、节能设备，并优化展览布局，以减少能源消耗和废弃物产生。例如，在会展搭建过程中，使用环保材料可回收的 PVC 转印膜替代大开张的纸质品和木制品，以减少对森林资源的依赖和浪费。会展场馆使用节能灯替代白炽灯，利用太阳能等可再生能源，以及采用多媒体影像技术和 LED 光源技术等，既提升了展示效果，又降低了能耗。通过数字技术，展会可以真实呈现于云端，打破时间、地域限制，无须实体搭建，因此极大地减少了物料消耗和废弃物产生等。

2.2.2.6 趋势六：贸易博览会

国际会展业发展趋势之一是举办贸易博览会，这主要源于贸易博览会的独特优势和深远影响。贸易博览会通常展卖功能结合，规模大、客商多、精品集中，是沟通信息、优化成本的重要场所，也是开拓外贸的重要渠道。通过技术创新和绿色可持续发展理念的融入，贸易博览会不仅提升了展示效果和交流效率，而且树立了企业的环保形象和社会责任感。贸易博览会在推动国际经济合作、促进贸易成交和产业发展方面具有重要作用，因此，具有国际影响力的会展城市如汉诺威、科隆、巴黎等，每年都会举办大型的国际贸易博览会，吸引数以万计的参展商和观众。

2.2.2.7 趋势七:网络能力

会展业高质量发展过程中注重网络传播力趋势。随着网络技术的快速发展,会展业积极拥抱数字化,利用官方网站、社交媒体等多渠道进行信息传播,有效提升了会展的知名度和参与度。社交媒体在会展网络传播中发挥着举足轻重的作用,通过精准定位和裂变式传播,能够迅速扩大会展的影响力,同时增强与观众的互动性。与此同时,短视频的兴起无疑为会展传播注入了新的活力,其直观且生动的特点对于吸引观众效果显著。总体来看,会展业在网络传播方面呈现出多元化、精准化的鲜明趋势。

2.2.2.8 趋势八:人工智能

会展业正站在一个技术革新的临界点,其中人工智能(AI)技术的崛起预示着行业的巨大变革。AI 技术将在会展策划与运营中发挥核心作用。借助 AI 的大数据分析能力,会展组织者能够更精准地洞察市场需求,为参展商和观众提供更为精细化的服务。例如,基于历史数据和用户行为分析,AI 可以预测哪些展品或主题将受到市场的热烈追捧,从而指导会展的策划方向。AI 将极大提升会展现场的互动体验。通过智能语音助手、智能机器人等技术,观众可以享受到更加便捷的信息查询、导航指引服务。AI 将重塑会展业的生态,引领该行业进入一个全新的智能化时代。

2.3　国际会展业发展的适配案例

2.3.1　新加坡会展：创新科技成果展示盛会

地理位置：新加坡，地处东南亚的心脏地带，是一个坐落于马来半岛末端的岛屿国家。它位于马六甲海峡的南部入口，通过柔佛海峡与马来西亚接壤，南濒新加坡海峡与印度尼西亚相望。这一地理位置使得新加坡成为东南亚地区重要的航运和交通枢纽。

历史发展：新加坡虽然历史不长，自 19 世纪初期开始作为英国的贸易中转站而逐渐发展起来。独立后，新加坡政府积极推动经济发展，其中会展业成为重要的发展战略之一，连续 20 多年获评"亚洲顶级会议城市"。通过不断优化会展设施和服务，新加坡逐渐在国际会展市场上占据了一席之地。

经济地位：新加坡是东南亚地区的经济中心之一，以金融、航运、制造业和服务业为主导。会展业作为新加坡经济的重要组成部分，为城市带来了显著的经济效益和国际影响力。该行业年均提供近 4 万个岗位，吸引 40 多万国际游客参会，为新加坡带来 30 亿新元经济效益。许多全球知名的展览组织公司都选择在新加坡设立亚太地区总部。

知名展会：

新加坡航空展——亚洲最具影响力的航空领域专业展会，汇聚全球航空业界的精英企业和技术创新。

新加坡国际水资源周——专注于水资源管理和技术创新的国际盛会，旨在解决全球水资源挑战。

新加坡食品与酒店展——亚洲领先的食品和酒店行业展会，展示最新的产品、服务和创新技术。

政府治理：作为新加坡旅游局（STB）的一部分，新加坡会展局（the Singapore Exhibition & Convention BureauTM，简称SECB）是新加坡展览业、商业活动的主要政府机构，负责塑造和保持新加坡作为世界上最好的商业活动目的地之一的卓越声誉，其履行的职责主要是以下几个方面。

▷ 支持商业活动：新加坡展览及会议署的宗旨是促进、培育和增强新加坡作为充满活力商务活动目的地的声誉，并借助其广泛的人才、技术和理念网络协力打造令人难忘的高水准活动。

▷ 用户体验设计师：新加坡展览及会议署致力于为商业参会代表打造非同凡响的体验。会议署的专业团队与诸多合作方致力于为行业合作伙伴提供支持，顺利举办优质高效活动。

▷ 全球营销者：在推动新加坡成为商务和会展旅游顶级目的地的过程中，新加坡展览及会议署发挥了至关重要的作用。此外，会议署还为客户提供营销和宣传支持，协助他们与地区和国际的目标群体取得联系。

▷ 行业开发者:新加坡会展局致力于创造和发展新加坡充满活力和创新的商业和会展环境,与强大的行业参与者、强大的联盟、世界级的基础设施和新兴的会展人才合作,以实现这一目标。

▷ 外援联盟者:SECB与几个国际联盟和监管机构密切合作,不断向从业人员提供最佳的专业实践和服务。这些联盟机构有亚洲会议及观光局(AACVB)、全球最佳城市联盟、全球协会中心伙伴关系、国际展览与活动协会™(IAEE)、国际会议与会议协会(ICCA)、专业会议管理协会(PCMA)、新加坡会议展览组织和供应商协会(SACEOS)、全球展览业协会(UFI)、国际协会联合会(UIA)。

知名场馆:新加坡博览中心是新加坡最大的会展中心之一,拥有多个展馆和会议室,可容纳大量参展商和观众。滨海湾金沙会展中心则以其独特的建筑设计和一流的设施而闻名,是举办高端展会和活动的理想场所。这些会展中心都配备了先进的展览设施和专业的服务团队,为参展商和观众提供优质的展览体验。

2.3.2 汉诺威会展:先进工业技术交流平台

地理位置:汉诺威,作为德国下萨克森州的省会城市,地理位置独特,坐落于北德平原与中德山地的交界处。这座城市依傍着蜿蜒的莱纳河,并且因其位于德国铁路网络的交汇点,加之邻近中德运河,成为一个重要的水陆联运中心。

历史发展：汉诺威有着悠久的历史，从 1241 年开始建市。在第二次世界大战中，汉诺威遭受了严重的破坏，但战后得到了迅速的重建和发展。为了振兴经济，1947 年德国军政府下令举办工业博览会，这一举措为汉诺威的经济发展注入了新的活力。

经济地位：汉诺威不仅是德国下萨克森州的工业重镇，其汽车、机械工程和电子工业尤为发达，而且在商业、金融和保险领域也占有重要地位，第三产业在汉诺威也占据重要地位，已占就业人数的 2/3。此外，汉诺威以其会展业和旅游业闻名于世，是欧洲领先旅游集团途易集团（TUI Group）的总部所在地，进一步巩固了其作为国际商务和旅游热点的地位。

知名展会：

汉诺威工业博览会——世界领先的工业技术展会，始于 1947 年，全球规模最大的国际工业盛会，汉诺威展览公司（Deutsche Messe AG）主办。

德国汉诺威车展－德国商用车及配件展，是全球第一大商用车展，也是德国历史最悠久的车展，始于 1897 年，由德国汽车工业协会主办。

德国汉诺威农业机械展－德国农机展，始于 1986 年，是专门针对应用于农业领域的机械、设备的世界性展览，也是全球最大的世界农业机械展会，由德国农业协会主办。

政府治理：AUMA，即德国经济展览会与博览会事务委员会，作为德国政府认可的官方机构，承担着对展览和博览会活动的宏观管理和协调职能。该组织代表政府利益，主导国内外展会的年度组织与协调工作。在德国会展业的发展策略中,政府的角色体现在对大型展览设施的初期投资建设上。尽管展览场馆产权归国家所有,政府却采取了一种非直接干预的运营模式,通过签订长期租赁合同或委托专业会展企业管理,将日常运营职责转移给有能力的私营会展企业。如 Deutsche Messe AG 专业运营汉诺威展览中心。这家公司当前是一家国有企业,下萨克森州政府和汉诺威市政府各持股 50%。政府的职责主要体现在对会展行业的宏观调控方面,例如,制定行业法规、进行市场管理、控制场馆建设和组织整体营销等。

知名场馆:汉诺威展览中心的建筑群包括 26 个多功能的展览大厅,此外,还有一个专门的会议中心,该中心配备了 35 个不同规模的会议室。这些展馆和会议室的总室内展览面积达到 49.6 万平方米,而室外展览区域则占地 5.8 万平方米。凭借这些设施,汉诺威展览中心能够同时为约 26 000 名参展商提供展示空间,并且能够接待高达 230 万的观众人次。各个展馆各具特色,如 2 号馆拥有 15 515 平方米的展示区,配备最先进的展览设施。4 号馆则设有宏伟的玻璃幕墙和 19 855 平方米的展示区。

2.3.3　奥兰多会展:艺术与多元化展览之都

地理位置:奥兰多位于美国佛罗里达州中部,是该州的重要城市之一。它坐落在美丽的湖泊和繁华的城市景观之间,拥有丰富的旅游资源,便捷的交通网络和完善的基础设施,为会展业的发展提供了得天独厚的条件。

历史发展:奥兰多,这座城市的历史脉络深厚,文化传统丰富多彩。其历史发展不仅见证了时间的沉淀,而且记录了社会变迁的每一步。随着经济的腾飞,奥兰多在会展业的舞台上崭露头角,成为全球瞩目的会展目的地。城市的战略位置、完善的基础设施,以及对会展活动的专业支持,吸引了众多国际性会展的落户。这些会展不仅促进了当地经济的繁荣,也加强了不同文化之间的交流与融合,为奥兰多的文化多样性贡献了新的层次。通过会展业的蓬勃发展,奥兰多成功地将自己塑造为一个充满活力的国际交流平台,进一步巩固了其在全球经济和文化版图中的地位。

经济地位:奥兰多,作为美国东南部的经济枢纽,其经济地位在旅游、航天、科技和电影产业等多个领域均占据显著位置。城市经济的多元化发展,为其会展业的繁荣提供了坚实的基础。会展业在奥兰多经济结构中占据了不可或缺的一环,它不仅为城市带来了直接的经济收益,而且显著提升了城市的国际形象和吸引力。奥兰多的会展业以其高效的组织能力、先进的设施和专业的服务,吸引了全球众多知名企业和机构的青睐。这些组织选择在此举办会展活动,不仅展示了其创新成果和前沿技术,而且促进了行业内的交流与合作,进一步巩固了奥兰多作为国际会展重要平台的地位。通过会展业的持续发展,奥兰多在全球经济舞台上的影响力日益增强,成为推动地区经济增长和国际交流的重要力量。

知名展会：

奥兰多以其多元化的展会题材而闻名学术界和行业领域，该市定期举办一系列专业展会。

奥兰多塑料橡胶工业展览会，作为美国塑料行业展览的佼佼者，其规模和历史在全球范围内亦占有一席之地。

美国奥兰多国际建筑材料展览会以其庞大的规模和行业影响力，成为全球建筑行业的重要商贸平台，由全美房屋建造协会主办，对建筑行业的国际交流与市场拓展具有深远意义。

奥兰多还定期举办主题公园及游乐设备展览会，以及国际吉他和音乐博览会等特色活动，这些展会不仅展示了行业内的最新趋势和技术，也进一步巩固了奥兰多作为会展业重镇的文化和商业地位。

政府治理：奥兰多市政府对会展业的繁荣发展持有明确的支持态度，采取宏观治理策略，旨在为会展业提供一个自由、开放的发展环境。这种治理方式不仅促进了会展市场的自我调节和创新，而且为行业参与者提供了更多的灵活性和自主权。市政府在会展业的宏观管理中，特别重视会展基础设施的建设和维护，如奥兰多国家会展中心（Orange County Convention Center）是全球最大的会展中心之一，为各类展览、会议和活动提供了一流的场地和设施。政府的这种管理策略，确保了会展活动的高效运作，同时也为奥兰多会展业的持续增长和国际竞争力的提升奠定了坚实的基础。

知名场馆:奥兰多国家会展中心是该城市最著名的会展场馆之一。自1983年开业以来,已成为美国第二大会议中心,场馆面积达到了19.5万平方米,拥有足够的空间来满足顶级会议、展会、音乐会或戏剧盛会的需求。此外,奥兰多还拥有多个其他会展场馆,如奥兰多艺术会议中心等,为城市的会展业发展提供了有力支持。

第 3 章

国内会展业发展态势与镜鉴启示

3.1 国内会展业发展新做法与新动向

3.1.1 场馆建设竞争初见端倪

会展中心,特别是国际会展中心,往往成为城市新区的地标性建筑,在城市化进程中为地方政府主政者选择、构成城市区域开发组团的重点。因此,过去十年,中国各地新建了多个大型会展中心,如上海国家会展中心、深圳国际会展中心等,这些展馆的规模和现代化程度都达到了国际先进水平。会展硬件条件的改善体现出以下趋势特征：

3.1.1.1 趋势一：一线城市场馆新建扩建，二三线城市会展硬件建设突飞猛进

一线城市的会展场馆建设正步入一个前所未有的新建与扩建高潮期，这一现象不仅映射出城市管理者对于会展经济深层次价值的深刻理解与前瞻布局，而且彰显了会展业作为现代城市经济新增长极的战略地位。一线城市的会展中心选址，往往蕴含着深刻的城市经营哲学，通过精心规划新区功能组团与地产项目的综合开发，巧妙地将会展业的发展与城市的整体升级紧密相连，从而快速催生出新的经济增长点，为城市的可持续发展注入强劲动力。以上海国家会展中心为例，这座全球领先的会展综合体不仅拥有超大规模的展览空间，而且通过与虹桥商务区的深度融合，共同构建起一个集会展、商务、交通、物流于一体的现代化城市功能区。上海国家会展中心的选址，正是基于对城市会展经济深度价值的精准把握，通过精心规划与综合开发，有效促进了会展业与区域经济的协同发展。随着一系列高级别展会的成功举办，不仅吸引了全球参展商与观众的目光，而且带动了周边商业配套设施的迅速完善，为虹桥商务区乃至整个上海市的经济发展注入了新的活力，成为现代城市经济新增长极的典范。

与此同时，会展业的繁荣景象已不再局限于一线城市，随着区域经济格局的深刻调整，众多经济规模迅速增长的二三线城

市也不甘示弱,纷纷将目光投向会展业,试图通过这一平台实现区域经济的协同发展。这些城市或是凭借沿海的地理优势,如浙江宁波、山东青岛,通过新建大规模、现代化的会展场馆,积极引入高级别展会,逐步构建起具有国际竞争力的会展市场体系;或是依托中西部地区独特的地理位置优势,如昆明,凭借新建场馆的先进硬件标准与区域经济的深度整合,实现了会展业的跨越式发展。

3.1.1.2 趋势二:新展馆的设计更加注重多功能性和灵活性

这种地产结合城市规划布局来新建的会展场馆往往规模庞大,会展服务功能综合化趋势明显,新展馆的设计趋势愈发凸显其多功能性与灵活性的重要性,其建设往往与城市规划紧密结合,形成规模庞大、功能综合的会展综合体,这些综合体不仅承担着传统展览功能,而且融入了多元化的商务服务与文化交流元素。以广州琶洲国际会展中心为例,其设计充分展现了多功能性与灵活性的完美结合。琶洲会展中心不仅拥有大规模的展览空间,而且配备了完善的商务中心、高品质餐饮服务及舒适的休息区,这些设施的设置极大提升了参展商与观众的体验质量。此外,会展中心还引入了多功能会议室与商务洽谈区,为商务会议与深度交流提供了理想场所,进一步拓宽了会展活动的服务范畴。在交通配套方面,琶洲会展中心周边的交通网络得到了全面优化,地铁、轻轨、高速公路等交通设施的密集布局,确保了参展商与观众能够快速便捷地到达会场。

同时,物流配套设施的加强也为展品的运输、存储与装卸提供了高效解决方案,保障了会展活动的顺畅进行。此类新展馆的设计模式,不仅为参展商与观众提供了更加舒适便捷的服务环境,而且有效促进了城市新区的现代化发展。会展场馆作为城市组团的重要节点,其多功能性与灵活性的设计理念,不仅满足了不同规模和类型会展活动的需求,而且赋能城市新区,推动其成为集展览、商务、文化、旅游于一体的综合发展区域,为城市的可持续发展注入了新的活力。

3.1.1.3 趋势三:会展硬件技术尖端,设计理念和实现手段与国际接轨

近几年投入使用的会展场馆广泛采用了先进的信息技术,如无线网络覆盖、智能安防系统、数字化展示技术等。这一趋势不仅体现在硬件设施的智能化升级上,而且蕴含了对绿色环保理念的深刻理解与实践。以北京国家会议中心为例,该场馆在设计之初便融入了最前沿的信息技术,实现了全场无线网络的无缝覆盖,为参展商与观众提供了高速、稳定的网络接入环境。同时,智能安防系统的全面部署,确保了会展活动的安全保障,通过人脸识别、行为分析等先进技术,实现了对场馆内外人流的实时监控与异常预警,有效提升了应急响应效率。此外,数字化展示技术的广泛应用,如虚拟现实(VR)、增强现实(AR)等,为参展商打造了沉浸式的展示空间,极大地增强了展会的互动性与体验感。在绿色环保方面,北京国家会议中心同样走在前列。

场馆在建设过程中大量采用了节能材料与绿色建筑技术,如太阳能光伏板、地源热泵系统等,有效降低了能耗,实现了能源的高效利用。同时,废物回收与处理系统的完善,确保了会展活动产生的废弃物能够得到妥善处理,减少了环境污染。这些绿色实践不仅响应了国家碳达峰与碳中和的战略目标,而且为全球会展业的可持续发展树立了典范。

值得注意的是,一线大城市如上海、深圳、杭州的新会展中心,在硬件技术集成度与场馆运维智能化方面已达到了世界先进水平。这些场馆不仅在硬件设施上与国际接轨,而且在管理与服务标准上不断向国际惯例看齐,通过引进国际先进的会展管理理念与运营模式,实现了会展服务的专业化、精细化与个性化。这种"筑巢引凤"的模式,不仅提升了中国会展业的国际影响力,而且吸引了更多国际性会展活动移师中国举办,为中国会展业的国际化发展注入了新的动力。

3.1.2 会展经济战略开始扩散

会展业,作为现代城市经济体系中的活力引擎,其辐射效应日益显著,深刻影响着城市的多个维度与层面。会展经济,这一综合性经济形态,不仅直接促进了市政基础设施的完善,而且间接拉动了酒店、餐饮、零售、进出口贸易、电商、物流、广告、传媒、旅游、环保、会计、法律、金融、保险及交通运输等行业的协同发展,展现出强大的价值创造力和经济带动能力。自 2022 年以来,随着全球经济逐步回暖与会展业的加速复苏,各省市纷纷加大对会展经济的战略部署,31个省市发布了会展业数字化规划政策,在会展领域积极探索、大胆实践。

3.1.2.1 一线城市的引领与示范

以北京、上海、广州、深圳为代表的一线城市,正以前瞻性的视野和战略性的布局,积极引入和培育诸如进博会等具有国际影响力的高水平展会。这些举措不仅丰富了城市的会展业态,而且通过会展经济的提质增效,完善了城市功能,显著提升了城市的总体经济实力和国际竞争力,逐步构建起与巴黎、法兰克福、新加坡、东京等国际知名会展城市相媲美的会展经济生态。例如,杭州市深入实施会展经济战略,通过一系列具体措施显著推动了城市经济的发展。其中,具代表性的便是"云栖大会"的连年成功举办。云栖大会作为全球顶级科技盛会,不仅吸引了国内外众多科技企业和行业领袖的参与,而且带动了周边酒店、餐饮、交通等服务业的繁荣。杭州市政府积极协调各方资源,优化会展场馆设施,为云栖大会提供了一流的办会条件,进一步提升了杭州作为"数字经济第一城"的国际影响力。

3.1.2.2 二三线城市的奋力追赶与特色发展

与此同时,众多二三线城市也紧跟步伐,依托自身独特的产业优势和资源禀赋,精准定位,积极维护和升级行业专业展会。这些城市通过会展平台,不仅扩大了本地优势产业群的市场影响力和国际竞争力,而且以此为契机,推动了城市服务功能的全面改造和升级。随着新建会展场馆的相继落成,这些城市正积极探索引进新的专业展会项目,不断充实会展业的软实力,有效填补场馆空档期,实现会展资源的优化配置和高效利用。例如,南昌市在疫情过后,精准施策,以会展经济作为城市发展的新动能。政府不仅加大了对会展业的政策扶持与资金投入,而且高效推进了会展场馆的现代化改造与扩建,为大型国际展会提供了坚实的硬件支撑。同时,积极引进国内外知名品牌展会,结合本地特色产业,成功培育出一批具有影响力的本土展会。如中国(中部)工业博览会、南昌国际汽车展览会、中国绿色食品博览会江西展团等重要展会,有效促进了产业链上下游企业的交流与合作。此外,南昌市还注重优化会展服务环境,提供一站式便捷服务,增强了展会的吸引力和竞争力。

3.1.2.3 高阶会展资源稀缺,软实力竞争加剧需突破

会展经济的多维扩散,不仅体现在其对城市经济的直接贡献上,而且在于其对城市产业结构优化升级、城市服务功能提升以及城市国际形象塑造等方面的深远影响。会展业已成为地方政府推动本地贸易活力增强、产业竞争力提升的重要抓手。在此背景下,高质量的专业展、消费展和综合展成为各地竞相追逐的优质展会资源,而具备高水平展会运营能力的会展主办企业更是成为市场上的稀缺资源。而随着会展场馆建设竞争趋于平稳,国内办展需求迎来新一轮爆发式增长。以展会

主题和内容为核心的软实力竞争将日益激烈。然而,目前高水平会展企业和高质量展会资源的相对不足,已成为制约会展业进一步发展的"瓶颈"。因此,如何有效填补新建场馆的空档期,满足广大观众参观展览的消费升级需求,成为当前会展业亟待解决的问题。

3.1.3 会展商业城市尚未出现

国际通行的城市会展业发展路径有两条。

一条是以产业行业市场优势地位来建设市场集散地展会城市。这一路径的核心在于依托城市在某个或某些特定产业中的领先地位,通过会展活动汇聚行业内外的资源,促进技术交流、产品展示和市场拓展。这种模式下,会展业不仅是产业发展的晴雨表,而且是推动产业升级和创新的重要平台。然而,值得注意的是,这种路径下的会展业往往受限于地方产业的结构与周期,一旦主导产业遭遇波动,会展业也难免受到影响。因此,如何在保持产业优势的同时,实现会展业的多元化与可持续发展,成为该路径下亟待解决的问题。

另一条是以人流聚集优势为依托建设商流、信息流和物流集散地展会城市。这种模式的会展业不再单纯依赖于某一产业,而是借助城市庞大的人流、物流和信息流资源,打造综合性的会展平台。在此模式下,会展活动不仅是商品交易的场所,而且是文化交流、技术碰撞和思想激荡的舞台。城市通过会展业吸引了来自世界各地的参展商、观众和投资者,促进了经济、文化和社会各领域的全面交流与合作。

当前,特大型城市拥有雄厚的实力和完善的城市功能推动会展业发展,但会展业占城市经济总量不足以形成产业支柱地位。而依托行业市场优势办展的次一级城市,其会展业主要服务于地方优势产业,经济结构和城市功能也难当会展门户城市的美誉。由此可见,国内会展业发展仍然处于依托城市功能带动、伴生本地优势产业阶段,尚未形成以会展业为支柱带动城市发展的典型案例。以北上广深为代表的一线城市,其会展业依托巨大城市的规模体量和现代化综合服务功能,举办的广交会、进博会等国际影响力出众的展会更多地体现国家意志和城市实力,其政策扶持力度难以复制。

以青岛、苏州、宁波等二线经济强市为典型的会展业发展是基于当地特色优势产业的行业长期影响力,例如,青岛渔业展和苏州丝绸展。从行业比较优势而言,这种顶级专业展难以被其他地方复制。但行业兴衰会对地方会展业构成强烈冲击,一损俱损、一荣俱荣。这样发展起来的会展业只能是地方优势产业群的附庸,而无法成为地方经济支柱。从国际角度看,会展业能走出地方行业限制发展成地方支柱产业的只有德国汉诺威工业等少数例子,更值得借鉴的应该是迪拜模式和拉斯维加斯模式。

3.1.4 会展特色城市适配案例

3.1.4.1 案例一：迪拜依托重要旅游客流枢纽发展会展产业的道路

迪拜地处中东沙漠地区，其地理位置是欧、亚、非洲际航班中转的重要航空枢纽。迪拜保守的宗教习俗、高昂的人力成本和市场壁垒并非国际会展业理想的热土。然而，迪拜政府主导在其杰布里自贸区展开离岸高端商贸发展，在离岸区域建立展览城，规避了世俗商业活动与宗教之间的社会冲突。迪拜政府通过旅游商业促进署下设的会展部（DCB）统筹策划本国会展资源并推广，提供优惠政策积极引入国际会展公司 DMG、IIR 和 REED 等。并从 1980 年开始陆续创办中东建筑建材五大行业展（BIG 5）、阿联酋迪拜航空展、中东电脑及网络信息博览会等国际一流展会。这些展会所属行业并非迪拜当地优势产业，但来自顶级会展公司市场开发和资源倾斜给迪拜带来优质会展项目。

迪拜不断新建迪拜展览世界、世界贸易中心等会展场所，选址紧邻迪拜新国际机场，设计客运能力 1.2 亿人次/年，并提供哈利法塔等高规格的酒店商业服务配套，依靠离岸金融中心来鼓励资本流动，将会展中心城市的地理地位与环境竞争力结合，打造出新形态的会展业标杆城市。以硬件为平台，迪拜引入世界银行和国际货币基金组织(IMF)联合年会(2003)、国际电联世界电信大会(2013)、国际银行家运营研讨会(SIBOS)、世博会(EXPO2020)等多个知名国际组织的会议和博览。通过高端国际会议和顶级博览会展现迪拜会展综合实力,成功跻身世界一流会展城市行列。

3.1.4.2 案例二:拉斯维加斯依托既有旅游接待资源的会展业发展道路

位于内华达州沙漠地带的拉斯维加斯原本是季节性旅游城市,以博彩业闻名,但夏季酷热影响旅游客源。1959年,拉斯维加斯会议中心投入使用,举办"世界飞行展"迎来观赏客源,开始向会展业门户城市发展。市政府成立了半官方半企业的"会议和旅游局",管理会议中心并持续推广当地会展业。通过多年经营,拉斯维加斯目前拥有北美排名前200的展会中的1/4,逐渐形成拉斯维加斯消费电子展(E3)和拉斯维加斯汽车配件展等世界知名展会为标志性展会的综合与专业会展矩阵集群。拉斯维加斯被称为世界会展之都,拥有30万平方米主展能力的拉斯维加斯会议中心的同时,还新建扩建了凯撒论坛会议中心、Allegiant体育场、AREA15、永利拉斯维加斯、Circa拉斯维加斯、拉斯维加斯会议中心西馆、Resorts World和拉斯维加斯维珍酒店八大会展综合场馆。除了超越传统会展城市同级别的庞大会议和展览设施之外,拉斯维加斯还拥有15万间客房的超强住宿接待能力,会展与接待场地供给充沛。因此,该城频繁获得超大型会展活动主办方青睐,一年能接待 600 万人次、2 万余场会议活动,其会展业 2020 年收入高达 110 亿美元,已经是城市支柱产业。大量的会议和展览活动使拉斯维加斯不同于别的旅游城市,其客房在工作日满房率颇高,会展商旅客户不仅填满了酒店客房与餐厅餐桌的闲暇空置,而且因为大规模频繁的商务活动催生了当地的商业服务业、金融、教育和健康行业,大量现代服务业细分行业在拉斯维加斯逐步发育,在传统旅游业吃住行游的服务结构上提供了更高的附加值。

3.2 国内城市会展产业发展共性问题

3.2.1 新建会展场馆相对供给过剩

根据调查走访的反馈,大量在 2018 年以前立项的展馆建设项目配套了周边地产开发,肩负地方政府经营城市,把新区组团从生地做成熟地的任务。在地产开发模式主导下,地方政府通过打包会展地块的整体综合开发项目,引入有实力的地产商进行多期的商住配套与场馆建设结合,通过社会资金建设新场馆,以会展中心提升周边地块物业价值,再以后期开发的商业地产出售来实现开发商资金回笼与盈利。以深圳国际会展中心为例,项目 2016 年规划立项,2021 年投入使用。该中心选址在宝安机场以西的填海地块,整体出让给招商蛇口与华侨城。两家国企地产上市公司联手进行会展中心与配套商住综合开发,建筑总面积 170 万平方米,其中展馆 50 万平方米,配套 20 万平方米,均由开发商出资建设并承担运营和维护;其他均为商住或商业地产,其地产升值部分补偿开发商建设会展中心的成本。项目总造价超过 400 亿元人民币,基本由开发商出资。市政府在地产繁荣期通过城市地块经营极大节省了会展中心建设成本,开发商通过会展中心建设把地块从生做熟,完成商业升值,以此实现双赢。

上述模式建设会展中心,受地产上行影响,建设成本约束不强,地方政府多数会提出规模超大、规格超前的设计方案,而承建方有把握从不断增厚的商业地产开发溢价中获得回报,提高会展中心工程总规模也成为其必然选择。然而,在 2018 年之后中央出台"三条红线"等多条地产调控政策,之前通过地产开发实现会展中心建设双赢的模式不能复刻。

2018 年以前,由于地方政府的城市经营策略和地产开发的推动,多地建设了大量的会展场馆。这些场馆的建设往往伴随着周边商业地产的开发,旨在通过会展效应提升地块价值,实现政府与开发商的双赢。然而,这种大规模、密集的建设导致会展场馆供给在短时间内迅速增加,超过了市场实际需求,形成了供给过剩的局面。2020 年"新冠"疫情的暴发对全球会展业造成了巨大冲击,展会取消、延期成为常态。这使得原本就供过于求的会展场馆在疫情期间的使用率进一步下降,许多场馆长期处于空置状态。疫情的持续影响加剧了会展场馆的利用困境。相较于一线城市,二三线城市的会展业发展基础较为薄弱,市场需求相对较小。在会展场馆供给过剩的背景下,这些城市的展馆使用率不足问题尤为突出。由于缺乏高质量的展会项目和足够的参展商、观众资源,许多二三线城市的会展场馆难以维持高效的运营状态。

会展场馆的建设热潮加剧了市场竞争,但资源配置却呈现不均态势。一线城市凭借其强大的经济实力和市场需求,能够吸引更多的高质量展会项目,其会展场馆的使用率相对较高。而二三线城市则由于资源有限、市场基础薄弱等原因,在竞争中处于劣势地位,导致展馆使用率不足成为普遍现象。后续如何实现场馆的可持续利用成为亟待解决的问题。

3.2.2 优质展会创设举办相对不足

国内一线城市大力扩建现代化场馆,完成展会硬件升级的同时,广大二三线城市业基于地方经济发展和经营城市的需求高标准,大规模建设了一大批会展场馆并投入使用。从展览内容供给角度分析,现有办展企业、参展企业和客户群体的数量并未出现伴随性增长,展会各方对展会参与和支付意愿也没出现明显变化。这就意味着新建展馆的展会内容存在展会内容填充不足的风险。在原有参展、观展和办展需求已经得到新建场馆的充分满足之后,大量空余的城市会展中心会存在展示能力闲置。在展览中心运营和维护成本高居不下的情况下,不排除部分场馆采用低价策略过度竞争。在今后相当长一段时期内,场馆多而展会不足的情况会持续发生。

二三线城市的会展软实力不足制约了展会内容创造。大面积、高标准展馆需要高规格和行业高影响力展会的进驻才能发挥其设计效能,但二三线城市总体服务业水平和会展业发育程度难以满足高质量会展的要求,城市会展服务、品牌影响力、国际化水平等方面,与一线城市相比仍有较大差距。特别是经验丰富的大型现代化场馆运维机构、有实力的会展企业与高端会展专业人才匮乏。

首先,会展服务水平是衡量一个城市会展软实力的重要指标。二三线城市在会展服务的专业性和细致性方面,往往不如一线城市成熟。从展会策划、宣传推广到现场管理、客户服务等各个环节,都需要更专业化的服务团队和高效的执行力。然而,目前二三线城市的会展服务团队普遍缺乏经验,服务意识和创新能力有待提高。

其次,品牌影响力是吸引参展商和观众的关键因素。二三线城市的会展品牌建设相对滞后,缺乏具有国际知名度和吸引力的会展品牌。这导致二三线城市的展会难以吸引国内外的高质量参展商和专业观众,影响了展会的规模和效果。

再者,国际化水平是衡量会展业竞争力的重要标准。二三线城市的会展业在国际化推广、国际合作、多语种服务等方面存在不足,难以满足国际参展商和观众的需求。语言沟通、文化差异的适应、国际市场的开拓等方面都需要进一步加强。

最后,大型现代化场馆的运维机构、有实力的会展企业以及高端会展专业人才往往集聚在高水平展会密集,会展行业资源丰富的一线城市。二三线城市需要引进和培养具有国际视野和专业能力的人才,提升会展业的整体竞争力。有实力的会展企业与高端会展人才如何引进?引进了如何留住?自身的会展企业和人才怎样培养?是制约二三线城市会展业长期发展的重要因素。

3.2.3 专业展会高度依赖本地产业

城市会展业的发展与其所依托的地方产业及龙头企业之间存在着一种复杂而微妙的互动关系。这种关系犹如一把双刃剑,既为会展业的初期发展提供了坚实的支撑,又在其后续成长中造成了潜在的局限性。

从正面效应来看,地方产业优势无疑是会展业起步与成长的重要基石。以宁波为例,这座城市凭借其在国际贸易与物流、滨海旅游、海洋渔业、塑料模具等领域的显著优势,为宁波国际会展中心举办各类专业展会提供了丰富的内容和资源。这些展会不仅成为当地产业成果展示的窗口,更促进了产业间的交流与合作,推动了创新与发展。宁波的国际贸易展、塑料模具展等,通过汇聚国内外参展商与专业观众,不仅增强了展会的专业性和影响力,还进一步巩固了宁波在这些产业领域的领先地位。同样,青岛的会展业也深受其橡胶工业和啤酒工业龙头企业的助力。这些企业通过积极参与或主办相关展会,不仅提升了展会的专业水平,而且借助自身的品牌效应和行业地位,吸引了大量参展商和观众,从而提高了展会的质量与效果。青岛国际啤酒节、橡胶技术展等活动的成功举办,不仅展示了青岛产业的独特魅力,而且极大地提升了城市的国际知名度与影响力。

然而,会展业对地方产业和龙头企业的过度依赖,也为其长远发展埋下了隐患,造成路径依赖。这种依赖关系限制了展会的市场影响力范围,使其难以跨越地方优势产业的边界,吸引更广泛的参与者和关注。展会内容的单一化与形式的固化,使得其难以满足快速变化的市场需求与新兴行业的发展趋势。例如,当地方产业遭遇市场波动或宏观经济冲击时,会展业往往首当其冲,面临参展商减少、观众流失等困境,其竞争力与可持续发展能力受到严峻考验。更为严重的是,长期依赖特定产业可能导致会展业缺乏创新与国际化视野。在全球化日益加深的今天,会展业必须具备强大的国际竞争力与广泛的适应性,才能在激烈的市场竞争中立于不败之地。然而,过度依赖地方产业的会展业往往因循守旧,难以在展会题材、展示方式、服务配套等方面实现突破与创新。这不仅限制了展会自身的发展空间,而且影响了城市整体经济结构的优化升级与国际化进程。

对于二三线城市而言,问题尤为突出。这些城市往往新建了高规格的国际会展中心,但由于缺乏优质展会内容的填充,导致场馆使用率低下,资源浪费严重。同时,受限于地方经济结构中的强势产业,这些城市难以培育出具有国际竞争力的品牌展会,会展业的品牌形象和市场认可度也因此受限。此外,会展业对地方产业的依赖还可能加剧资源错配的问题。当资源过度集中于特定产业时,其他有潜力的领域可能无法得到有效的资源配置,从而限制了城市经济的多元化发展。这不仅影响了会展业自身的可持续发展能力,而且可能对整个城市经济结构的优化升级造成不利影响。

总之,二三线城市受限于地方经济结构中的优势产业矩阵,其新建高规格的国际会展中心场馆缺乏优质展会内容填充,过度依赖特定产业可能导致资源无法有效配置到其他有潜力的领域,降低了资源利用效率。展会品牌形象可能因为与地方产业紧密绑定而受限,难以塑造国际化和多元化的品牌形象,最终难免沦为高端会展不足,中端展览缺人流,靠低层次展销会来维持的局面。

3.2.4 展会市场化程度滞后

会展业作为地方经济发展的重要组成部分,往往与地方政府的政策和支持密切相关。地方政府出于维护会展中心人气和促进地方产业发展的初衷,会出台一系列扶持政策,例如,提供场地租金优惠、税收减免、财政补贴等措施,能够在短期内快速提升会展中心的利用率和人气，为地方经济带来直接的经济效益。表3-1是我国部分城市高水平展会与当地优势产业集群。然而，当会展业过度依赖政府政策扶持而非市场驱动时，一系列潜在问题便逐渐浮出水面，制约了行业的持续健康发展。

表3-1　　　　　　　　部分城市高水平展会与当地优势产业

城市	会展中心承办的当地主流展会	当地优势产业集群
宁波	中国宁波国际住宅产品及设备博览会 宁波国际物流产业博览会 宁波国际塑料橡胶工业展览会（余姚合办） 宁波国际食品博览会 宁波国际教育博览会 宁波国际旅游展	国际贸易 国际物流 塑料模具 海洋渔业 滨海旅游
余姚	中国余姚国际塑料博览会 中国塑料博览会 余姚国际模具及制造技术展览会 余姚国际机床及工业模具展览会 余姚国际汽车零部件展览会 余姚国际家电展览会 余姚国际照明展览会	塑料制品与机械 模具制造 工业机床 汽车零配件
嘉兴	中国嘉兴国际集成吊顶产业博览会 中国嘉兴国际紧固件、弹簧及设备展览会 中国嘉兴国际毛纺织产品交易会 嘉兴国际太阳能光伏展览会 嘉兴国际汽车零部件及用品展览会 嘉兴国际家居及室内装饰展览会 嘉兴国际食品和饮料展览会	纺织、化纤、印染 五金制品
温州	中国（温州）国际工业博览会 中国（温州）国际印刷包装工业展览会 温州国际鞋类、鞋机、鞋材展览会 温州国际泵阀展览会 温州国际眼镜展览会 温州国际纺织面辅料及纱线展览会 温州国际塑料橡胶工业展览会 温州国际照明展览会 温州国际食品博览会	皮革制品 阀门管泵（玉环） 商贸服务 服装鞋帽 模具加工 眼镜

续表

城市	会展中心承办的当地主流展会	当地优势产业集群
诸暨	中国(诸暨)国际袜业展览会 诸暨国际珍珠博览会 国际食品和饮料展览会	袜业 珍珠养殖
苏州	中国苏州国际工业博览会 中国苏州文化创意设计产业交易博览会 中国苏州国际汽车交易会暨智能网联及未来出行汽车博览会 苏州国际纺织及制衣工业展览会 中国国际新能源产业博览会 苏州国际医疗器械展览会 中国国际新能源产业博览会(CLNB) 苏州国际环保展览会 苏州国际旅游展览会 苏州国际渔具展览会 苏州国际教育展览会	现代制造业 IT产业 新能源产业 汽车产业 环保产业 生物医疗 文化产业 旅游
青岛	中国国际消费电子博览会(SINOCES) 中国(青岛)国际海洋科技展览会 青岛国际啤酒节 青岛国际船舶与海洋工程展览会 青岛国际渔业博览会 青岛国际橡胶技术展览会 青岛国际食品博览会 青岛国际时装周	海洋工程 海洋船舶 海洋渔业 啤酒工业 橡胶加工 服装鞋帽 箱包
大连	中国大连国际服装纺织品交易会 大连国际工业博览会 中国大连国际化工产业展览会 大连国际生态环保博览会	服装成衣 装备制造 石油化工 清洁能源

3.2.4.1 "输血式"的发展模式难以持续

从会展业的运营模式来看,政策扶持固然能在短期内迅速提振行业人气,提升会展中心的利用率,但这种"输血式"的发展模式难以持续。政府通过提供场地租金优惠、税收减免、财政补贴等措施，确实能在一定程度上降低展会组织者的运营成本，吸引更多展会的落地。然而，这种优惠政策的长期实施，不仅加重了地方财政的负担，而且可能扭曲市场的真实供需关系，导致资源配置的低效与浪费。更为关键的是，展会组织者在政策的温室中难以培养出自主创新和提升服务质量的动力，进而陷入同质化竞争的泥潭，难以满足市场日益多元化的需求。

3.2.4.2 形式和内容的同质化现象严重

市场化程度滞后的会展业，其展会形式与内容的同质化现象尤为严重。在政府的庇护下，不少展会组织者缺乏对市场趋势的敏锐洞察和对消费者需求的深入了解，往往盲目跟风，复制成功展会的模式与内容。这种缺乏创新与个性化的展会，不仅难以吸引参展商与观众的目光，而且难以在激烈的市场竞争中脱颖而出。长此以往，会展业的整体形象将大打折扣，行业影响力与吸引力也将逐渐减弱。

3.2.4.3 展会的市场化基础削弱

政府行政指令下的企业参展行为，更是进一步削弱了会展业的市场化基础。当企业参展变成一种响应政府号召的义务而非基于市场需求的自主选择时，其参展效果自然大打折扣。企业可能更多地关注政策导向而非市场需求，导致其在展会筹备与参展过程中缺乏主动性与积极性。这种被动的参展模式不仅无助于企业品牌形象的塑造与市场地位的巩固，而且可能使企业在激烈的市场竞争中逐渐丧失竞争力。更为严重的是,长期依赖政府扶持的企业可能逐渐丧失自我发展的能力与动力,一旦政策扶持减弱或取消,其生存与发展将面临严峻挑战。

3.2.4.4 市场机制扭曲

展会市场化程度滞后的问题还体现在对市场机制的扭曲上。政府的直接参与往往导致市场信号的失真与传导机制的梗阻。在正常情况下,市场机制通过价格、供求、竞争等要素自动调节资源配置与利益分配,实现资源的最优配置与效率的最大化。然而,在政府的过度干预下,市场机制的这一功能受到严重削弱甚至失效。展会组织者可能不再关注市场需求与竞争态势的变化,而是将更多的精力投入争取政府支持与优惠政策上。这种本末倒置的行为不仅不利于展会自身的发展壮大,而且可能对整个会展业的健康发展造成不利影响。

从长远来看,会展业的市场化程度滞后将严重制约其可持续发展能力。在全球化日益加深的今天,会展业必须具备强大的国际竞争力与广泛的市场适应性才能在激烈的竞争中立于不败之地。过度依赖政府扶持的会展业往往缺乏这种能力与素质。其展会形式与内容的同质化、服务质量的低下以及市场机制的扭曲等问题将使其难以应对复杂多变的市场环境与日益激烈的国际竞争。

3.3 国内外会展业发展镜鉴启示

3.3.1 韧性非凡与前景广阔

图 3-1 全球展览市场净租赁面积比较,揭示了会展业与宏观经济环境之间的紧密关联及其强大的行业复苏能力。新冠疫情所引发的全球经济危机对会展业造成了显著冲击,这一影响在数据中得到了明确的反映:2020 年全球展览市场的租赁面积相较于 2019 年出现了急剧下滑,降幅显著,总量跌至仅 3 000 余万平方米。然而,会展业展现出其坚韧的行业特性,即便在 2021 年各国出行限制政策的制约下,全球展览市场的租赁面积仍实现了小幅增长,回升至 5 000 余万平方米。自 2022 年起,会展市场开始显现出强劲的复苏态势,净租赁面积逐年上升,不断逼近疫情前水平。具体来看,2022 年的场馆租赁面积相较 2019 年减少了 32.17%,而这一差距在 2023 年进一步缩小,仅比 2019 年少 13.04%。根据 UFI 的预测,2024 年全球场馆租赁面积有望继续增长至接近 2019 年的 95%,从而恢复至疫情前的水平;更为乐观的是,到了 2025 年,预计场馆租赁面积将超过 2019 年的水平,增幅达到 4.35%。这一系列数据不仅证明了会展业在面

对重大挑战时呈现出的卓越韧性,更预示着该行业未来的广阔发展前景。

在后疫情时代,线下展会的重要性越发显现。作为新产品、新服务、新业态、新模式和新技术的展示窗口,展会对经济复苏、产业升级及区域发展起到了关键作用,并逐渐成为行业动态的指示器。这一地位标志着会展业的巨大发展潜力。同时,展览业正趋向专业化和细分化,与产业链深度融合,为市场提供精准匹配的机会。随着中国开放战略的推进和外贸新动能的培育,国际知名展会和企业开始聚焦中国,显著提升了中国展览业的国际地位。科技的进步也为会展业带来了新的动力,提升了展览和交流的效率,革新了展示方式和交互体验,大大增强了展会的吸引力。总体来说,会展业在多方推动下,正面临前所未有的发展与创新机遇。这一行业的崛起,不仅体现了市场经济的活力,而且预示了全球交流与合作的广阔前景。

3.3.2 以业兴展与以商兴展

从国际视野审视,城市会展业的繁荣发展清晰地沿着"以业兴展"与"以商兴展"两大主轴铺展开来,这两条路径相互交织、相互促进,共同绘就了会展业与城市经济共同繁荣的宏伟蓝图。

图中数据：

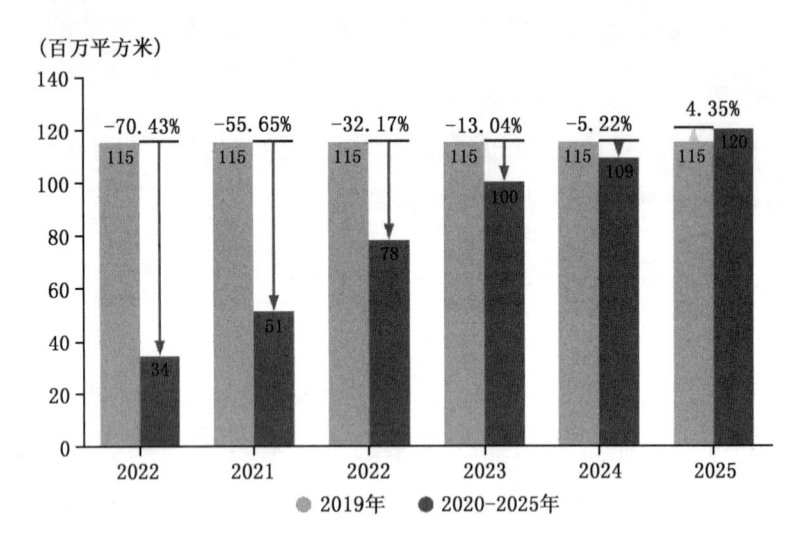

年份	2019年	2020-2025年	变化
2022	115	34	-70.43%
2021	115	51	-55.65%
2022	115	78	-32.17%
2023	115	100	-13.04%
2024	115	109	-5.22%
2025	115	120	4.35%

资料来源：课题组 UFI 官方资料采集整体。2024 和 2025 年数据为预估值。

图 3-1　2019 年与其后几年全球展览市场净租赁面积比较

3.3.2.1　以业兴展

"以业兴展"的路径，是会展业与城市特定产业深度融合的典范。德国汉诺威、法兰克福以及中国的浙江柯桥等城市，正是这一路径的杰出代表。它们深入挖掘和发挥自身在某一特定产业或行业中的市场优势，通过精心策划和组织高度相关的展览会，不仅为参展企业搭建了展示最新技术、产品和服务的舞台，而且吸引了行业内外的广泛关注，包括潜在客户、合作伙伴以及行业专家的目光。这种模式下，城市主体产业与会展业之间形成了良性的互动循环：一方面，城市主体产业的蓬勃发展为会展业提供了源源不断的动力和需求；另一方面，会展业的繁荣又进一步巩固和提升了城市主体产业在市场中的领军地位,形成了相互促进、共同提升的良好格局。这种正向闭环的构建,不仅促进了城市经济的多元化发展,而且显著提升了城市的国际知名度和影响力。

3.3.2.2 以商兴展

"以商兴展"的路径,则是会展业与城市商业活动紧密结合的生动体现。新加坡市、阿联酋迪拜、德国法兰克福以及西班牙巴塞罗那等城市,正是这一路径的璀璨明星。这些城市作为商业活动的集聚地,自然汇聚了活跃的人流、物流、资金流和信息流。这种集聚效应不仅为城市营造了浓厚的商业氛围,而且孕育了无数商机。通过定期或不定期地举办各类题材丰富的展会,这些城市不仅促进了各行各业之间的商业交流与合作,而且加速了资源的流动与整合,进一步增强了其在全球范围内的综合竞争力和国际影响力。在这种模式下,会展业成为城市经济发展的重要引擎,推动着城市经济向更高层次、更宽领域迈进。

3.3.2.3 行业与商业融合,共同发展

值得强调的是,"以业兴展"与"以商兴展"这两条路径并非相互排斥,而是可以相互融合、共同发展的。城市在制定会展业发展战略时,应充分考虑自身的产业优势和商业环境,灵活选择并优化组合这两条路径。一方面,可以深入挖掘和发挥城市在特定产业中的市场优势,通过举办专业展会巩固和提升产业地

位;另一方面,也可以积极利用城市的商业集聚效应,通过举办综合性展会促进商业交流与合作。通过策略性地整合这些资源,城市不仅能够吸引行业内外的专业人士,而且能激发更广泛的公众参与和商业合作,从而见证更多具有国际影响力的会展品牌的诞生。

3.3.3 会展与旅游共生发展

会展业与旅游业的共生发展,不仅是一种经济现象,而且是城市活力与多元化发展的重要体现。实体展会的受欢迎程度是会展业与旅游业共生发展的坚实基石。随着科技的进步,线上展会虽然提供了便捷与高效,但实体展会所带来的沉浸式体验、面对面交流的机会以及不可复制的商业氛围,依然是众多参展商和观众的首选。图3-2中的数据清晰地反映了这一点,超过半数的受访者表达了对实体展会的偏好或强偏好,这充分证明了线下展会在促进商务交流、激发市场活力方面的独特价值。实体展会的繁荣,为城市吸引了大量的人流、物流和信息流,这些资源正是旅游业发展的宝贵财富。会展活动的举办,不仅为城市带来了直接的经济收益,而且为旅游业创造了广阔的市场空间。参展商和观众在参与展会的同时,也渴望体验城市的独特魅力,探索当地的文化底蕴和旅游资源。因此,会展业与旅游业的有机结合,能够实现资源共享和优势互补,形成互利共赢的局面。

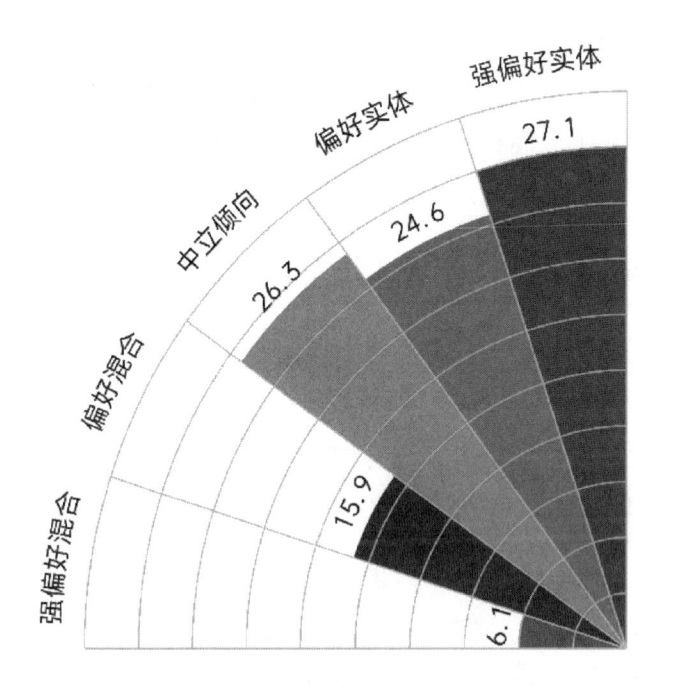

资料来源：课题组 Statista 官方资料采集整体。

图 3-2 展会偏好类型（单位：百分比）

在共生发展的过程中，会展业与旅游业相互促进，共同提升了城市的综合竞争力。一方面，会展活动的成功举办，为城市树立了良好的国际形象，增强了城市的品牌效应和吸引力。大型国际展会的落地，不仅带来了全球的关注目光，而且为城市带来了丰富的国际资源和合作机会。另一方面，旅游业的繁荣为会展业提供了更加完善的配套服务和更加广阔的市场腹地。丰富的旅游资源、优质的旅游服务以及完善的基础设施，为参展商和观众提供了良好的体验环境，进一步提升了会展活动的吸引力和影响力。

以德国汉诺威和新加坡市为例，这两个城市通过会展业与旅游业的紧密结合，实现了城市经济的快速增长和文化的广泛交流。汉诺威工业博览会的成功举办，不仅推动了当地会展业的发展，而且为旅游业带来了大量的客源和收入。游客在参观展会的同时，也游览了汉诺威美丽的自然风光和人文景观，进一步提升了城市的国际知名度。而新加坡则凭借其先进的会展设施和独特的旅游资源，成功吸引了众多国际会议和展览的落地，成为全球会展旅游的重要目的地之一。这些成功案例表明，会展业与旅游业的共生发展具有巨大的潜力和广阔的前景。

此外，会展业与旅游业的联动发展还有助于推动相关产业的创新和发展。会展活动的举办，不仅带动了旅游、酒店、餐饮等传统行业的发展，而且为文化创意、广告设计等新兴产业提供了广阔的发展空间。例如，在时装周等会展活动中，不仅展示了最新的时尚潮流和设计理念，而且推动了当地时装设计、模特经纪等相关产业的发展。这种跨行业的交流与合作，不仅丰富了会展活动的内容和形式，而且为城市经济的多元化发展注入了新的活力。

会展业与旅游业的共生发展对于城市经济的增长、文化交流的促进以及相关产业的创新具有重要意义。这种共生模式不仅可行且有效，而且为城市带来显著的经济效益和社会效益。因此，各城市在推动会展业发展的同时，也应注重与旅游业的深度融合与协同发展，共同打造具有国际影响力和竞争力的会展旅游名城。

3.3.4 国际化、品牌化与专业化协同发展

在探讨会展业的国际化、品牌化与专业化协同发展时，不得不深入挖掘这一趋势背后的深层次逻辑及其对会展业乃至城市经济发展的深远影响。这三者不仅是会展业高质量发展的关键要素，而且推动城市国际化进程、提升城市品牌价值和增强行业竞争力的重要途径。

3.3.4.1 国际化是会展业发展的必然趋势

随着全球经济一体化的深入发展，会展业作为连接不同国家和地区的重要桥梁，其国际化水平直接影响着会展的规模、影响力和市场竞争力。通过引入国际元素，吸引全球参展商和观众，会展活动不仅能够汇聚来自世界各地的优质资源和信息，而且能够促进国际交流与合作，推动全球产业的协同发展。此外，与多个国际会展组织建立合作关系，引进国际先进的会展理念和管理模式，不仅能够提升会展的专业性和服务水平，而且能够为参展商和观众提供更加国际化的体验和机遇。这种国际化的发展路径，不仅有助于会展业自身的成长，而且能够带动城市经济的国际化进程，提升城市的国际知名度和影响力。

3.3.4.2 品牌化则是提升会展业竞争力的关键所在

在会展业日益激烈的市场竞争中，一个独特的、具有辨识度

的会展品牌往往能够脱颖而出,吸引更多的参展商和观众。品牌化的会展不仅具备明确的主题和定位,能够反映城市或地区的特色和优势,而且能够在全球范围内树立良好的形象和口碑。通过精心策划和组织各类会展活动,塑造独特的品牌形象和文化内涵,会展业不仅能够提升自身的市场竞争力,而且能够为城市经济的发展注入新的活力和动力。同时,品牌化的会展还能够促进产业链的延伸和拓展,带动相关产业的发展和创新,形成良性的产业生态系统。

3.3.4.3 专业化则是会展业持续发展的基石

随着市场的细分化和专业化程度的提高,会展业也需要不断提升自身的专业化水平,以满足参展商和观众日益多样化的需求。专业化的会展不仅能够精准对接行业需求,提供高质量的产品和服务展示平台,而且能够通过举办高质量的论坛、研讨会等活动,为参展商和观众提供行业前沿信息和交流平台。这种专业化的发展路径,不仅有助于提升会展的专业性和权威性,而且能够吸引更多的行业精英和领军企业参展,进一步提升会展的影响力和市场价值。同时,专业化的会展还能促进会展服务团队的成长和发展,提升整个行业的服务水平和竞争力。

国际化、品牌化与专业化三者并非孤立存在,而是相互依存、协同发展的。国际化氛围为品牌化和专业化提供了广阔的舞台和丰富的资源,使得会展业能够在全球范围内展示自身的实力和魅力;品牌化则增强了会展的辨识度和吸引力,为专业化的发展奠定了坚实的基础;而专业化则进一步提升了会展的专业性和市场竞争力,为国际化和品牌化的发展提供了有力支撑。三者相辅相成、相互促进,共同推动会展业走向更高的发展阶段。

因此,在未来的发展中,会展业应继续深化国际化、品牌化与专业化的协同发展。一方面,要积极引入国际元素,加强与国际会展组织的合作与交流,提升会展的国际化水平;另一方面,要注重塑造独特的品牌形象和文化内涵,提升会展的辨识度和吸引力;同时,还要不断提升会展的专业化水平,满足参展商和观众日益多样化的需求。只有这样,会展业才能够在激烈的市场竞争中立于不败之地,为城市经济的繁荣和国际影响力的提升做出更大的贡献。

3.3.5 数字化、绿色化与创新化融合发展

在现代城市经济体系中,为了实现会展业的持续繁荣与高质量发展,推动城市向"会展之都"的目标迈进,数字化、绿色化与创新化融合发展已成为不可或缺的路径。

3.3.5.1 数字化,会展业转型升级的新引擎

以德国汉诺威工业博览会为例,这一全球领先的工业技术展会充分利用了数字化技术实现转型升级。展会通过构建线上平台,让无法亲临现场的参展商和观众也能通过虚拟现实技术

体验展会的精彩内容。此外,展会还利用大数据分析参展商和观众的行为模式,为下一届展会的策划提供更加精准的市场洞察。这种线上线下相结合的会展新模式,不仅拓宽了展会的受众范围,而且极大地提升了参展体验与满意度。在国内,杭州云栖大会也是数字化会展的典范。大会利用云计算、物联网等先进技术,打造了一个集展示、交流、体验于一体的数字化平台。参展商可以通过该平台展示最新的科技成果,观众则可以通过智能设备参与互动体验,感受科技的魅力。云栖大会的成功举办,不仅彰显了数字化技术在会展业中的巨大潜力,而且为其他展会提供了宝贵的借鉴经验。

3.3.5.2 绿色化,会展业可持续发展的必由之路

新加坡国际水资源周是一个典型的绿色会展案例。该展会始终将环保理念贯穿于整个活动过程中,从展位的搭建到废弃物的处理,都采用了环保材料和节能技术。展会还设立了绿色展览专区,展示最新的环保科技产品和技术解决方案。此外,新加坡国际水资源周还通过智能化的能源管理系统实时监测和调整会展现场的能源消耗,实现了节能减排的目标。这些举措不仅降低了展会的环境负荷,还为参会者树立了环保的榜样。在国内,上海进博会也在绿色化方面做出了积极探索。展会鼓励参展商使用环保材料搭建展位,减少废弃物产生;同时,还引入了智能垃圾分类系统,提高废弃物回收利用率。此外,进博会还通过宣传推广绿色理念,引导参会者共同参与环保行动,为会展

业的绿色发展贡献力量。

3.3.5.3 创新化，会展业持续发展的不竭动力

美国的拉斯维加斯消费电子展（CES）是会展业创新的典范。每一届 CES 都会吸引来自全球的科技创新企业和产品参展，展示最前沿的科技趋势和产品。展会不仅关注传统电子产品领域，而且不断拓展新兴领域如人工智能、虚拟现实等。通过举办主题论坛、创新大赛等活动，CES 为参展商和观众提供了一个交流思想、碰撞灵感的平台。这种不断创新的精神，使得 CES 始终保持在全球科技展会中的领先地位。在国内，深圳高交会也是会展业创新的杰出代表。展会紧密结合深圳的科技创新优势，聚焦高新技术产业和战略性新兴产业领域。通过举办高端论坛、项目对接会等活动，高交会为参展商和投资者搭建了一个合作交流的桥梁。同时，展会还积极引入新兴科技手段提升参展体验和服务水平，如利用人脸识别技术快速入场、通过智能导览系统帮助观众找到感兴趣的展位等。这些创新举措不仅提升了展会的吸引力和影响力，而且为深圳乃至全国的科技创新发展注入了新的活力。

通过数字化、绿色化与创新化的融合发展，会展业不仅能够实现自身的转型升级与可持续发展，而且能为城市经济的繁荣与国际影响力的提升做出重要贡献。上述案例充分证明了这一路径的可行性与有效性，为其他会展活动提供了宝贵的参考与借鉴。

第 4 章

义乌市会展业发展资源与约束

4.1 义乌市会展业发展在地环境分析

在探讨义乌市会展业的发展资源与约束时,必须首先关注义乌市独特的在地环境,特别是其本地资源优势。义乌,这座因小商品而闻名的城市,不仅享有"全球最大的小商品集散中心"的美誉,在习近平总书记"小商品,大市场"的发展定位下,日益凸显出其地方经济的鲜明特色与优势。这里,强大的商贸基因与深厚的市场基础共同构筑了义乌会展业的坚实基础。

4.1.1 本地资源优势

4.1.1.1 商品为主展会的先天资源

商品作为义乌会展业的主导资源，构成了其发展的核心基石。义乌的小商品，以其琳琅满目、价格亲民且品质上乘而广受赞誉，它们不仅迎合了全球消费者的多元需求，推动了会展业的蓬勃发展。在义乌，小商品所担任的角色远超过一般的展示物品，它们实质上成为聚集人气、吸引参展商家与观众目光的磁石。深入探讨义乌小商品市场的结构和产品多样性，不难发现，其强大的韧性和广泛的覆盖面得益于庞大而细致的品种分类。这种结构特点赋予了义乌会展业一种独特的优势：即对特定制造业的较低依赖性。这在一定程度上为会展业提供了市场风险缓冲，使得行业整体更为稳健。

同时，会展业的繁荣与小商品领域的持续创新及转型升级是相辅相成的。每当小商品领域涌现出新的设计、技术或营销策略，义乌的会展业都会迎来新的增长点和活力源泉。一个值得注意的现象是，与众多以重工业或大型制造业为基础的会展城市不同，义乌的会展业并不依赖于这些重型产业。相反，它以一种轻盈、灵活且高度多样化的方式，围绕着小商品这一核心展开。这种特色使得义乌的会展业在国内外市场上独树一帜，为其塑造了鲜明的品牌形象。小商品，既是义乌的经济支柱，也是其文化和创意的载体,在会展业中发挥着举足轻重的作用。此外,义乌会展业的成功还得益于其深厚的市场积淀和商贸文化。这座城市深知如何将小商品的魅力最大化,通过会展这一平台,将各式各样的商品呈现给世界。这不仅为义乌带来了源源不断的商机和客流,而且为其赢得了国际声誉。随着时间的推移,义乌的会展业将继续依托其丰富的小商品资源,探索更多元化、更高质量的发展路径,在全球范围内持续扩大其影响力,成为引领行业潮流的重要力量。

4.1.1.2 对外贸易的便利环境

为了营造更加便捷的对外贸易环境,义乌投入巨资建设了一系列贸易服务设施。

贸易服务中心以其专业化的服务和高效的运作机制,成为国内外商家进行贸易洽谈、合同签订及后续服务的重要平台。外币兑换点的设立,极大地便利了外籍商人的货币兑换需求,减少了因货币问题带来的交易障碍。同时,国际商务服务中心则提供多语种翻译、法律咨询等多元化服务,有效解决了跨国交易中可能出现的语言和文化差异问题。

在海关服务方面,义乌海关不断创新,致力于提高通关效率。通过简化报关流程,减少不必要的环节,大大缩短了货物在海关的停留时间。此外,海关提供的24小时咨询服务,确保了商家在任何时段都能获得及时、专业的指导,有效降低了因信息不对称导致的贸易风险。义乌的地理位置也为其对外贸易的便利环境增色不少。作为中欧班列的重要起运站,义乌与欧洲市场的连接更加紧密,为欧洲参展商和观众提供了极大的便利。

作为国内快递业的重要枢纽,义乌每年发运的快递包裹数量惊人,高达105亿件,占全国总量的十二分之一。这一数字不仅彰显了义乌物流配送的强大能力,而且反映出其在全球贸易中的重要地位。义乌的物流配送网络同样令人瞩目。商品可以通过陆路、铁路、航空等多种方式快速分发到世界各地,这种多元化的运输方式不仅保证了货物运输的灵活性,而且大大缩短了货物的运输时间。高效的物流配送体系为会展业的国际贸易提供了强有力的支撑,确保了展品的及时到达和展会的顺利进行。

通过完善的贸易服务设施、高效的海关服务以及发达的物流配送网络,义乌为全球会展业提供了一个便捷、高效的交易环境,进一步推动了会展业的繁荣发展。

4.1.1.3 展会品牌与规模的领先地位

展会拳头产品的国际影响力显得尤为突出,如义博会、森博会等四个备受瞩目的高规格展会,已经成功跻身国际展览业联盟(UFI)的权威认证之列。这一认证不仅代表着展会品质得到了国际社会的广泛认可,而且是对义乌会展业整体实力与国际化水平的一次有力印证。特别是义博会,作为义乌会展业的佼佼者,它巧妙地依托了义乌作为全球闻名的小商品集散中心的独特地位,形成了一种难以被复制的品牌特色。经过多年的精心打造与品牌积淀,义博会已经在国内外建立了深远的品牌影响力和号召力。这种品牌优势如同磁铁一般,源源不断地吸引着来自世界各地的参展商和采购商,纷至沓来,共襄盛举。这也进一步推动了义乌本地会展产业链的完善与发展,为当地经济注入了新的活力。从具体的数据来看,义乌年举办的展会数量呈现持续增长的良好态势,尤其是商贸类展览,其增长势头更为迅猛。举例来说,"十三五"期间,义乌便成功举办了多达266个商贸类展览,这些展览的总面积累计达到了惊人的477.49万平方米。在这一过程中,共有91 464家参展商踊跃参与,吸引了高达1 006.3万人次的采购商前来观摩与洽谈。这一系列令人瞩目的数字,不仅充分展示了义乌会展业在规模和影响力方面的显著成就,而且凸显了其在有效培育和推动本地会展产业上下游发展方面的巨大贡献。

当然,义乌会展业的辉煌成就并非一蹴而就,其背后离不开众多因素的共同支撑。其中,优越的地理位置和便捷的交通条件无疑为义乌会展业的蓬勃发展提供了有力保障。随着区域交通运输水平的持续提升,参展商和采购商能够更为便捷地抵达义乌,这无疑进一步增强了义乌作为会展目的地的独特魅力。与此同时,市场中介服务、会展综合服务以及旅游接待服务等配套产业的快速发展,也在市场化导向下取得了显著的进步。这些服务体系的日益完善,不仅大幅提升了参展商和观众的参展体验,而且为义乌会展业的可持续发展奠定了坚实的基础。此外，值得一提的是，随着多年的积累与发展，义乌的会展经营主体已经形成了相当的规模，并呈现出多元化、专业化的发展趋势。目前，活跃在市场上的 35 家具有雄厚实力的组展商企业，便是其中的佼佼者。他们不仅深谙"走出去"的战略意义，积极开拓国际市场，而且展现了中国会展业的实力与风采；同时，他们也懂得如何"引进来"，吸引更多的国际参展商和观众来到义乌，共同见证和参与这一盛大的行业聚会。这种良好的市场竞合氛围，不仅为义乌会展业注入了源源不断的活力与创新力量，而且推动了整个行业的健康、有序发展。

4.1.2 制度创新优势

在《义乌市会展业发展"十四五"规划》的宏观指导下，义乌市政府明确提出了推动会展业高质量发展的具体战略。为了实现这一战略目标，市政府不仅成立了专门的"会展科"来统筹规划和管理会展业的发展，而且通过一系列具有前瞻性和创新性的制度设计与政策实施，显著推动了本地会展业的规范化、市场化和绿色化进程，展示了强大的行业生命力和深厚的发展潜力。

4.1.2.1 多部门协调工作联席会议

为了加强部门间的沟通与协作，义乌市政府设立多部门协调工作联席会议机制。这一机制通过定期召开常态化、主题化的工作会议，有效地促进了跨部门的信息共享和资源整合。在联席会议的平台上,各部门能够联合研究与制定会展业的发展战略与策略,统筹协调会展业的管理服务和统计分析工作。这不仅提高了政府决策的效率和执行力,而且为会展业的持续健康发展提供了坚实的组织保障。

4.1.2.2 以政策推动购买会展服务引进专业机构实现市场化转型

义乌市政府通过巧妙的政策设计,积极鼓励政府购买会展服务,这一举措极大地促进了会展服务的市场化进程。政府引进专业机构参与会展项目的策划与运作,显著提升了展会的专业化水平和市场竞争力。以义乌国际小商品博览会、义乌文化和旅游产品交易博览会等政府主导型展览项目为例,通过政策支持,这些展会成功实现了市场化转型,不仅激发了市场活力,而且进一步提升了义乌市会展业的整体品牌形象。

4.1.2.3 规范会展管理,实现会展业有序健康发展

为了保障会展业的有序健康发展,义乌市政府出台了《义乌市展览活动管理办法》等一系列规范性文件(见表4-1)。这些文件明确了会展活动的组织、管理和监督等方面的具体规定,为会展业提供了明确的操作指南和法律保障。通过规范管理,义乌市会展业的服务质量和效率得到了显著提升,资源整合能力也得到了进一步加强。这不仅提高了会展服务的标准化和专业化水平,而且为行业的可持续发展奠定了坚实基础。

表 4-1　　　　　　　义乌市支持会展业发展的政策文件

政策种类	政策名称	内容范围
规范	义乌市展览活动管理办法	规范了展览活动的组织和管理
	义乌市会展业发展专项资金使用管理办法	明确了会展业发展专项资金的使用原则和管理办法
	绿色展览运营规范	全国首个县域地方标准,旨在推动地方会展业绿色可持续发展的"义乌方案"
规划	义乌市会展业发展"十四五"规划	明确义乌市会展业发展的指导思想、发展原则、目标任务以及主要举措
措施	义乌市促进会展业发展联席会议制度	建立健全多部门间的配合协调工作机制
	关于进一步促进会展业改革发展的实施意见	推动会展业市场化改革,通过购买服务和引进专业机构等方式,推进会展业市场化转型

4.1.2.4　提出绿色会展的"义乌方案"

在环保和可持续性日益成为全球关注焦点的背景下,义乌市政府积极响应,发布了全国首个《绿色展览运营规范》地方标准。这一标准不仅注重环保材料的使用和资源的循环利用,还倡导低碳、环保的办展方式,力求减少会展活动对环境的影响。通过实施绿色会展的"义乌方案",义乌市为全国会展业树立了典范,提升了城市形象,同时也为会展业的绿色、可持续发展贡献了力量。

4.1.3 决策前瞻优势

义乌市在会展业的发展上展现了显著的决策前瞻优势。通过将会展服务推向市场,以及逐渐减少政府主导型展览项目的财政投入。这一战略举措不仅为会展产业打造了真正的市场竞争力,而且为其长远发展奠定了坚实的市场化基础。

4.1.3.1 会展业市场化改革

在众多二三线城市中,会展场馆的运维往往成为一项沉重的负担。这些城市通常依赖政府主导的会展来填充内容,虽然这种方式在短期内能够维持会展业的发展局面,但其可持续性却令人担忧。地方政府财政状况的稳定与否直接影响到对会展业的投入,而行业内部造血能力的不足以及政策环境的不确定性,均对会展业的创新发展构成了不小的障碍。在此背景下,义乌市的决策层表现出了极高的前瞻性和战略眼光。

4.1.3.2 大力培育本土会展业优势企业

义乌市未雨绸缪,提前布局,大力培育本土会展业优势企业。在这一战略的引导下,涌现出了一批如恒发展览等区域龙头会展承办商,这些企业在市场化发展方面享有政策的先发优势,成为推动义乌会展业蓬勃发展的重要力量。特别是在新冠疫情暴发之后,多地政府财政压力增大,对会展业的补贴相应减少,这直接制约了当地会展经济的发展。然而,对于义乌市而言,其先前布局的市场化转型策略却使其在这一时期脱颖而出,先手优势越发明显。

4.1.3.3 不断优化政策环境

展会若过度依赖地方政府的政策和支持,虽然在短期内可能带来效益,但从长远来看,这种模式无疑会限制展会的自主发展和市场适应性。义乌市深刻认识到这一点,因此坚决推进市场化改革,不断优化政策环境,以期促进会展行业的可持续发展和地方经济的长期繁荣。这种转变不仅提升了会展业的整体竞争力,而且为城市经济的多元化和健康发展注入了新的活力。

4.1.3.4 创造良好的市场环境,提供优质的公共服务

值得一提的是,义乌市政府在推动会展业市场化发展的同时,也成功地转变了自身的角色。政府不再仅仅是通过直接的政策扶持来介入行业发展,而是更多地致力于创造良好的市场环境和提供优质的公共服务。例如,提升城市品牌形象,提供市场信息和咨询等服务。这些举措有效地帮助展会和企业更好地适应市场变化,增强了自身的竞争力和创新能力。

4.1.3.5 以五环境为目标的战略决策

义乌市这种以塑造会展业大环境为目标的战略决策,取代了以往直接对会展业进行财政"输血"的做法,这无疑是一种具

有高瞻远瞩的战略选择。它不仅有助于建立义乌市在国际会展领域的全新优势,而且是做大做强会展经济的关键所在。此外,这一战略还对提升城市整体经济、文化和科技水平产生了深远的影响,为"双效"展会效应的逐渐凝聚提供了有效的市场环境。

总的来说,义乌市在会展业发展上所展现的决策前瞻优势,不仅体现在其对市场化改革的坚定推进,而且体现在政府对行业发展的角色转变和服务提升上。这些举措共同构成了义乌会展业持续健康发展的强大支撑,也为其他城市提供了宝贵的借鉴经验。在未来,随着会展业的不断壮大和市场环境的日益完善,义乌市将在国际会展舞台上扮演更加重要的角色。

4.2　义乌市会展业发展外部环境分析

4.2.1　宏观环境优势

习近平总书记先后十三次视察义乌,对义乌的发展方向明确了"小商品,大市场"的精准定位,为义乌市大力发展会展业,做大市场容量,做优市场结构,做精展会品牌提供了总体思路,也让义乌市发展会展业能契合国家大政方针指引,契合宏观经济政策导向。

4.2.1.1 "双循环"新发展格局打造国内统一大市场

"双循环"新发展格局打造国内统一大市场,外循环保障内循环的政策需要,为会展业发展提供了政策指引和保障。从宏观上看,展会能够聚集全国各地的企业和产品促进国内市场一体化,加强内外贸易联动,扩大不同地区间的商业联系和信息交流,推动形成统一开放的国内市场。展会为国内外企业提供了一个展示和交流的窗口,实现内外贸易的良性互动,更好地提升产业链供应链稳定性,优化产业链和供应链结构,增强在面对外部冲击时的稳定性和抗风险能力。

4.2.1.2 创新引领高质量发展

习总书记关于发展新质生产力、以创新引擎引领经济高质量发展的目标落实,要求会展业发挥其促进创新交流的特长。展会为新技术、新产品的推广提供了舞台,促进了科技创新和产业升级,有助于加快新旧动能转换,推动经济高质量发展。同时,新质生产力发展所倡导的数字化与绿色化转型趋势,在会展商业形态中已经是不断尝试的创新方向。义乌不仅确立了国内绿色会展的"义乌方案",而且在数字化和智能化会展领域展开深入探索,才能答好发展新质生产力这张试卷。

4.2.1.3 服务长三角一体化国家发展战略

长三角一体化国家发展战略,对义乌所处的浙中地区区域经济协调发展构成重要支撑。会展业可以带动相关现代服务产业的发展,如物流、旅游、酒店等,促进区域经济的均衡发展,特别是在推动内陆地区和沿海地区的经济协同中起到关键作用。义乌在长三角地区要发扬自身世界小商品之都的优势,成为浙江对外开放的名片,需要通过高水平的会展活动用提升国家和城市的国际知名度和竞争力,吸引更多的国际投资和合作。

义乌地处浙中腹地,是浙江自贸区的重要组成部分,也是改革开放先行先试地区,宏观政策和区域之都创新试点政策叠加下拥有优越的政策环境优势,对会展业发展形成有力推动。

4.2.2 社会环境优势

义乌市近年来经济发展迅猛,贸易扩展和人口涌入构成义乌城市发展的亮色,在国际化、城市治理、数字化和绿色发展等方面都展现出了积极的发展态势,为会展业的发展提供了良好的社会环境。这些因素共同作用,有助于义乌市会展业的持续繁荣和高质量发展。

4.2.2.1 国际化水平高

义乌作为世界知名的小商品集散中心,具有较高的国际化水平。"一带一路"倡议的积极参与,为义乌会展业的国际化提供了重要契机。义乌会展业积极吸引国际会议和展览,努力培育 UFI 认证的高水平展会,提升了其国际知名度和影响力。义乌通过举办各种国际论坛和商贸活动,加强与全球的交流合作,提升了城市的国际形象和竞争力。

4.2.2.2 数字化进程快

发展数字经济已经是国家战略,中央和地方出台一系列政策措施,推动经济社会数字化转型,构建社会数字治理与个人数字发展的新形态。义乌市积极响应数字化转型,推动智慧城市建设,为会展业的数字化提供了良好的基础。一方面,义乌的线上贸易,特别是跨境电子商务发展迅猛,境内和跨境电子交易平台发育成熟,从业人员的数字素质高,对数字化和智能化技术的贸易普及程度较深;另一方面,义乌本地企业,如商城集团等积极探索数字化、人工智能等先进技术手段在线上和线下展会的综合应用,会展运营方也在尝试从多个方面利用大数据、云计算等技术提升展会的组织和运营效率,并且通过虚拟现实(VR)等技术提供线上展览服务。义乌市鼓励会展企业利用数字技术进行创新,如通过数字化平台进行供需对接、服务配套和电商服务,增强了会展业的竞争力。

4.2.2.3 绿色发展水平高

义乌市注重可持续发展,推动绿色会展的理念,如发布《绿色展览运营规范》地方标准,引导会展业的绿色转型。绿色发展还体现在会展场馆的建设和运营中,如采用节能减排技术和可循环材料,减少会展活动对环境的影响。义乌市通过绿色会展的实践,提升了城市形象,并为会展业的长远发展奠定了基础。

4.2.3 竞争环境优势

4.2.3.1 义乌吸引了大量外国采购商,成为国际会展业发展的生动例证

当前,国际和国内会展行业竞争呈现不同局面。一方面,疫情后的国际会展业逐步复苏,线上线下展会比例趋于合理化,线下展会逐渐恢复繁荣。但受制于全球经济复苏延缓,逆全球化冲突导致的贸易摩擦和冲突加剧,局部战争频发等因素影响,商贸活动的整体表现不佳,直接拖累国际展会需求复苏迟缓。另一方面,中国是世界经济增长的发动机,保持了巨大的经济韧性和贸易出口活力,对外经贸活跃的同时,吸引国际顶级展会不断落户中国,带来更为广泛的国际参展商。在不确定性加剧的世界找寻一个确定的商贸投资交流机会,来中国参展成为许多谋求发展的外国企业必然地选择。义乌作为世界小商品之都,常年在义乌采购的外国采购商超过两万人,他们是中国国际会展业"风景这边独好"的直接见证人。

4.2.3.2 国内会展业面临巨大的机会,也给义乌会展业带来了竞争优势

一线城市会展业资源集中度提升,城市能力提升与会展业

发展实现相互补益的良性循环。以广交会、进博会为代表的广州、上海,均通过会展品牌的优势实现城市影响力的提升,其国内外影响力稳居第一阵营,城市经济规模与结构,治理水平与国际化程度的提升进一步反哺会展业发展,为会展行业引入新技术、开拓新业态、布局新领域、取得新发展提供基础。一线城市的会展企业在有效竞争中势必走上下沉扩张的道路,顶尖的会展业人才也会因为业务扩展机会而不断外溢到二三线城市。义乌位于长三角核心地区,依托短距离通达上海和杭州的地缘优势,以及远超国内普通二三线城市的会展品牌力和市场化水平,可以有效吸纳一线城市的会展企业进驻,充分夯实自身会展软实力。因此,国内会展业发展格局的演化竞争,会带给义乌市更好的企业组织和人才要素流入,有利于本地会展业创新发展。

4.3 制约义乌市会展业创新发展因素

4.3.1 硬件设施建设滞后

义乌市的国际博览中心,作为该市唯一的专业化展馆,自2009年建成以来,一直在会展业中发挥着重要的作用。其室内展览容量高达12.64万平方米,为历届义博会的成功举办提供了必要的场地支持。然而,随着时间的推移,这一硬件设施的局限性逐渐显现出来,尤其是在与其他竞争城市的新建场馆相比较时,其劣势越发明显。

4.3.1.1 义博中心的硬件缺陷

从展馆的形制和技术指标来看,现有的国际博览中心已经逐渐无法满足现代会展业的发展需求。虽然其多层带地下架空层的设计在一定程度上节约了地块并提高了空间利用率,对于综合类展会而言较为友好,但这种设计也带来了一系列问题。例如,多层展馆导致每层人流量不均匀,这使得参展商家不得不努力寻找人流热力图的热点楼层和展位,以提高曝光率和销售效果。多层展馆的设计未能预留一层以上的货车物流通道,这给参展方在布展和搬运设备时带来了极大的不便。由于缺乏便捷的物流通道,参展方在搬运重型设备或大量展品时往往面临诸多困难,这不仅影响了布展效率,而且可能对展品造成损坏。再者,由于地下架空层的设计,一层展馆的地面承重能力不足,无法达到目前主流专业展馆 5 000 千克/平方米的标准。这一限制使得许多高水平的专业展会因为对地面承重有较高要求而无法在义乌国际博览中心举办,这无疑是对义乌会展业发展的一大制约。

4.3.1.2 国际一流会展中心的设计特色

纵观国内外,新建的一流会展中心在设计上都倾向于大平层布局,这种布局已经成为当今的主流。这种设计不仅使得展馆地面具有出色的承重能力,完全符合各类大型展览的需求,而且通过巧妙的结构设计,如大型架空梁,有效减少了廊柱的数量。这一创新设计极大地提升了展馆内的净高和净宽,为展览提供了更为开阔、灵活且多功能的空间。大平层展馆的设计,注重形制上的统一与功能的灵活性。不同展馆之间,可以根据展览的实际需求进行打通或分隔,这种模块化的设计理念,使得会展中心能够轻松应对不同规模和需求的展会。无论是大型国际展览,还是中小型专业展览,这种设计都能提供恰到好处的空间解决方案。此外,新型展馆的设计不仅在展览面积上具有极大的灵活性,而且在人流管理上展现出卓越的性能。通过精心规划的人流线路和均匀分布的观展空间,新型展馆确保了观众能够流畅、有序地参观,极大地提升了观展体验。此外,展馆还通过隐藏式设计,如地龙和管廊的巧妙安排,不仅增加了场馆的供电能力和无线信号的全面覆盖,而且在细节处改善了地面通行条件。这种设计不仅美观大方,而且大大提高了安全疏散能力,为应对突发情况提供了有力的保障。这种硬件竞争力对义乌市会展业来说是亟待拥有的。

4.3.2 国际经贸不确定性增强

习近平总书记指出,世界正面临百年一遇的大变局。国际经贸关系遭遇多重冲击,对中国的国际贸易形势构成重大影响。

义乌市会展业早已形成国际发展的战略路径,在未来国际贸易和金融不确定性加大,地缘政治危机与战争风险冲击突发,宗教、文化与意识形态矛盾加剧的演变过程中会遭遇严峻挑战。

4.3.2.1 国际经贸的不确定性直接影响了义乌市会展业的客源稳定性

义乌市以其世界小商品之都的地位,吸引了大量国际买家和参展商。然而,随着国际贸易环境的波动,许多原本计划参展的国际企业可能会因为担忧经济风险、汇率变动或贸易政策调整而犹豫不决,甚至选择放弃参展。这种客源的减少直接影响了会展的规模和影响力,进而制约了会展业的进一步发展。

4.3.2.2 国际经贸不确定性加剧了义乌会展业的市场竞争

在全球经济不稳定的背景下,各国和地区都在努力提升自身的吸引力,以争夺有限的国际会展资源。这意味着义乌市会展业不仅要在国内市场上与众多城市竞争,而且要在国际市场上与其他国家竞争。这种竞争态势对义乌市会展业的国际化战略构成了挑战,要求其不断提高自身的服务质量和创新能力,以维持和扩大市场份额。

4.3.2.3 国际经贸的不确定性增加了义乌市会展业的运营风险

随着国际贸易环境的不断变化,会展组织者需要更加灵活地应对各种突发情况,如贸易政策的突然调整、国际政治事件的冲击等。这些不确定性因素可能导致会展成本上升、参展商和观众数量减少,甚至影响会展的顺利进行。因此,会展组织者需要不断提高自身的风险管理能力,以应对这些不确定性带来的挑战。

4.3.2.4 国际经贸的不确定性可能对义乌市会展业的长期发展产生负面影响

在全球经济不稳定的背景下,许多企业和机构可能会减少对会展的投入,转而寻求其他更为稳妥的营销方式。这可能导致会展业的市场需求下降,进而影响整个行业的可持续发展。

4.3.3 会展业关联带动产值不足

会展业,作为旅游业的一个重要分支,其经济影响力远远超出了直接的会展活动收入。通过旅游卫星账户(TSA)的精细计算,可以清晰地看到会展业对于经济的深层次拉动作用。然而,在深入研究义乌市会展业的发展现状后,不难发现其在关联产值带动方面仍存在明显的短板。

根据《义乌市会展业发展"十四五"规划》的宏伟蓝图,义乌市为自身设定了明确的经济目标:在"十四五"期间,会展业的直接营业收入要达到20亿元以上,并期望通过会展活动拉动相关行业收入达到150亿元。这一目标不仅彰显了义乌市对会展业发展的雄心壮志，而且反映出会展业在地方经济发展中的重要战略地位。

然而，当采用国际通行的旅游卫星账户来计算旅游关联行业的带动产值时，发现理想的乘数效应应该在8～10倍之间。这意味着，如果义乌市会展业的直接效应收入能达到20亿元，那么其关联产值理论上应该达到160亿～200亿元，才能算是充分发挥了会展业的潜力。直接效应收入，即会展消费直接流向旅游服务提供者，如住宿、交通和餐饮等行业的收入；而间接效应收入则是指会展活动所带动的对上游供应商的购买，如会展物料、广告服务等；诱发效应收入则是因为会展业的发展而新增的居民消费和企业投资，这些通常体现在房地产、基础设施建设等领域。

但现实情况是，义乌市会展业在现阶段的发展带动力并不强，其在地化消费能力和诱发消费与投资效应均显得较为薄弱。换言之，尽管会展业本身可能取得了一定的直接收入，但它并未能如预期那样有效地拉动周边产业和消费的增长。这一现状的成因是多方面的，可能包括会展活动的品质与影响力不足、周边配套服务的不完善、消费者购买力有限，或是市场推广策略的不当等。为了改变这一局面，义乌市需要在多个层面进行改进和创新。其中，一个值得关注的方向是培育在地化消费的现代服务业业态。通过优化本地服务供应链，提升服务质量，以及丰富消费选择，可以有效增强会展参与者的消费意愿和满意度，进而促进关联行业的发展。此外，加强会展活动的品牌建设和市场推广,提高活动的吸引力和国际影响力,也是提升会展业关联产值的重要途径。

总体而言,义乌市会展业虽然在"十四五"规划中设定了宏伟的目标,但在实现这些目标的过程中,仍需面对并克服关联带动产值不足的挑战。通过综合施策,不断优化产业结构,提升服务质量,加强品牌建设,义乌市的会展业有望在未来几年内实现更为强劲的发展势头。

4.3.4 会展软实力优势不足

义乌市会展业经历了多年的市场化发展,已经积累了一定的基础和实力,核心企业主体和行业内的人才孵化也相对成熟。然而,当站在更高的视角,以国际会展新高地和浙江对外开放新名片的定位来审视时,不难发现,义乌市会展业在软实力方面仍存在不小的差距。

4.3.4.1 缺少一个标志性的展会品牌

从品牌塑造的角度看,一个成功的会展城市必然有其标志性的展会品牌。这些品牌展会能够持续吸引全球的目光,进而推动城市会展业的整体发展。而目前,义乌市虽然有一些知名的展会,但缺乏真正能够代表城市、具有全球影响力的标志性展会品牌。UFI认证的国际一流展会数量不足,正是这一问题的直观体现。品牌的缺失,不仅削弱了义乌会展业的国际竞争力,而且限制了其对全球资源的吸引力。

尽管义乌市已经成功打造了如义乌国际森林产品博览会、中国框业与装饰画展览会等具有一定影响力的专业展会,但这样的优秀专业展会数量仍然不足。缺乏一个由多个专业优势展会组成的矩阵群,意味着义乌市在会展业的细分领域内尚未形成足够的影响力,这无疑削弱了其在专业展会市场的竞争力。

4.3.4.2 缺少大量高端会展业人才

从人才和企业的角度来看,义乌市会展业也面临挑战。目前,全国知名的会展企业和高端会展业人才尚未大量涌入义乌。相反,义乌会展业的经营主体和从业人员本地化比例过高,这在一定程度上限制了行业生产要素的流动,也影响了行业整体的创新活力和国际视野。

4.3.4.3 高质量服务有待改进

此外,为参展商提供的高质量服务是会展业软实力的重要组成部分。然而,目前在义乌,为参展商服务的独立设计、金融服务、IT服务、AI与物联网服务等市场中介服务尚未得到充分发展,对应的社会中介增值服务产值偏低。同时,会展业作为现代服务业的重要组成部分,其与先进制造业的融合发展具有重要意义。但目前,义乌市在通过展会服务促成项目孵化、合作研发、技术溢出等方面取得的进展有限,先进制造业与现代服务业两业融合的进展不足,通过展会服务促成项目孵化、合作研发、技术溢出等制造业进步的活动有限,两业融合产值增长不足。这些在一定程度上制约了会展业的综合发展,影响了参展商的体验,也限制了会展业相关增值服务产值的提升。

值得一提的是,义乌市在会展业方面拥有得天独厚的地理优势和成熟的市场体系,这些都是其发展会展业的宝贵资源。然而,目前义乌市作为"会展城市"的社会认可度仍有待提高。这意味着,在未来的发展中,义乌市需要更加注重提升自身的品牌影响力和社会认可度,以便更好地吸引国内外的参展商和观众。

4.4 义乌市会展业发展矩阵分析

4.4.1 会展业发展态势矩阵

综合以上分析,研究构建了影响义乌市会展业发展的要素矩阵,以资源、产品、技术、管理和城市治理为内部影响因素集合,以政策环境、社会环境、政府态度、贸易环境和竞争环境为外部影响因素集合,标记细分项目的优势与劣势,综合评价义乌市会展业发展的总体竞争态势(如表4-2所示)。

表 4-2　　　　　　　　义乌市会展业发展影响要素的确定

内部现状要素	外部环境要素
资源： 传统要素投入（优） 城市形象（优） 设施建设水平（劣）	政策环境： 宏观政策（优） 经贸政策（优） 国际政策（劣） 地方发展政策（优）
产品： 展会数量（优） 质量（优） 种类（优） 结构（中性）	社会环境： 国际化水平（优） 城市治理水平（优） 数字化进程（劣） 绿色发展水平（优）
技术： 场馆技术指标（劣） 展会研发创新（劣） 运维水平（中性）	政府态度： 财政支持力度（劣） 重视程度（优）
管理： 协同治理机制（优） 产品理念（优） 管理理念（优）	贸易环境： 准入制度（优） 国际合作（优） 经贸便利度（优） 金融深化水平（优）
城市治理： 交通运输水平（中性） 市场中介服务水平（中性） 会展综合服务水平（中性） 旅游接待服务水平（优）	竞争环境： 对手城市发展水平（劣） 会展行业竞争态势（劣） 会展业态竞争的时空关联特征（中性）

注：表格 4-2 矩阵结构建立参考 PESTEL 宏观外部环境分析体系，内容条目根据实地调研多个展会，专家访谈参展商、场内观众、会展从业人士以及义乌市会展管理部门工作人员的文字内容，结合多个地方政府的政策文件构建语料库，通过 NVIVO 软件，采用扎根理论进行汇总得来。括号内优劣来自软件词频分析，仅供参考。

通过比较观察，义乌市会展业发展的总体优势突出，但存在的几个劣势均为卡点和难点，主要集中在：场馆专业技术标准不足，形制上落后于展会发展要求；竞争城市逐渐增多，硬件实力较突出构成竞争威胁。以上问题有必要采取矛盾冲突的工程学类比模拟来提供可行的配对解决思路。

4.4.2　会展业发展创新理路

TRIZ 理论是系统化解决创新问题的理论和方法。首先，将具体问题通过 39 个通用工程参数转化为 TRIZ 标准化问题。接着，构建冲突矩阵，以识别出适用的 40 项发明原理建议。依据这些建议的发明原理来探寻问题解决方案。借助 TRIZ 理论，能够高效地锁定问题解决的策略和路径，从而在极短的时间内制定出切实可行的设计草案。

在详尽分析逾 20 万份专利资料的基础上，俄罗斯杰出发明家 Altshuller 遴选出 4 万份具有典范意义的专利样本，进行了深入细致的剖析后揭示出工程领域中普遍存在的技术难题之本质，还凝练出了 39 个核心技术参数，这些参数被证明能够广泛适用于将具体技术问题抽象并转化为标准化的 TRIZ 问题框架内，从而极大地促进了问题解决的系统化与高效化。如表 4-3 所示：

表 4-3　　　　　　　　　　TRIZ 问题转换列表

No	名称	No	名称	No	名称
1	运动物体的重量	14	强度	27	可靠性
2	静止物体的重量	15	运动物体的作用时间	28	测量精度
3	运动物体的长度	16	静止物体的作用时间	29	制造精度
4	静止物体的长度	17	温度	30	作用于物体的有害因素
5	运动物体的面积	18	照度	31	物体产生的有害因素
6	静止物体的面积	19	运动物体的能量消耗	32	可制造性
7	运动物体的体积	20	静止物体的能量消耗	33	操作流程方便性
8	静止物体的体积	21	功率	34	可维修性
9	速度	22	能量损失	35	适用性及通用性
10	力	23	物质损失	36	系统的复杂性
11	应力或压强	24	信息损失	37	控制和测量的复杂性
12	形状	25	时间损失	38	自动化程度
13	稳定性	26	物质损失	39	生产率

Altshuller 对大量发明专利进行深入的统计和分析后，发现虽然不同的专利解决的是不同领域内的问题，但是他们所用的方法却是相同的。通过这些方法的归纳总结，最终找到了 40 种最常用的解决问题的方法，即 40 条发明原理，如表 4-4 所示：

表 4-4 最常用的 40 条发明原理

No	名称	No	名称	No	名称
1	分离	15	增强动态性	29	气压或液压结构
2	抽取	16	部分达到或者超速	30	柔性壳体或薄膜
3	局部质量改善	17	多维化	31	多空化
4	增加不对称性	18	机械振动	32	色彩画
5	组合	19	周期性运动	33	同质化
6	多样性	20	有效持续运作	34	自生自弃
7	嵌套	21	快速运作	35	参数变化
8	质量补偿	22	变吉为利	36	相变
9	预先反作用	23	反馈	37	热膨胀
10	先作用	24	中介物	38	加速氧化
11	预置防范	25	自服务	39	惰性环境
12	等势	26	复制	40	复合材料
13	逆向运作	27	低成本代替		
14	曲面化	28	机械系统替代		

针对某一种由两个通用工程参数所确定的矛盾来说，40 条发明原理中的某一个或某几个发明原理被使用的次数明显比其他的发明原理多。根据这个原理，本研究创建了矛盾矩阵，该矩阵将技术矛盾的 39 个工程参数和 40 条发明原理建立了对应关系，可以很好地解决怎样选择发明原理来解决配对矛盾问题。

如表 4-5 所示，义乌市会展业发展面临诸多动态变化的改进或制约要素，包括但不限于表中列举的各种元素。根据 TRIZ 工程发明原理，一些不能改变的因素，比如地理区位、城市规模体量，房产市场运行周期，无法在矛盾冲突矩阵中找到配对解。

其他问题都能对应表4-3的问题转换,解决思路是从表4-4中找寻对应发明原理。因此,只有通过TRIZ发明创造原理完成矛盾与解决方案配对的参数才能纳入最终的问题解决思路中。

表4-5　　　　　　义乌会展业发展TRIZ矛盾冲突矩阵

问题改善的参数	问题恶化参数	推荐发明原理
政府重视力度大 No.18 照度	场馆面积不足 No.6 静止物体的面积 场馆空间跨度有限 No.8 静止物体的体积 场馆硬件标准落后 No.14 强度	建设新场馆 No.3 局部质量改善 以数字化、智能化、绿色化标准改扩建场馆 No.16 部分达到或超越
市场化程度高 No.32 可制造性 No.33 操作流程的方便性	专业化高标准展会不足 No.21 功率	寻求会展内容创新不重叠覆盖区 No.4 增加不对称性 提升城市会展服务功能 No.38 加速氧化
会展企业培育早 No.1 运动物体的重量	顶尖会展企业未进驻 No.19 运动物体的能量消耗	加快引进会展龙头企业 No.24 快速运作 增进本地会展业竞争 No.37 热膨胀
义博会自身品牌优势 No.15 运动物体的作用时间	会展市场竞争激烈 No.26 复制 线上展会兴起 No.35 参数变化	品牌化、多元化、数字化、便利化 No.17 多维化 No.20 有效持续运作 No.27 低成本代替

以第一行为例,因为义乌市政府对会展业重视力度大,对应工程学问题是照度足够强,那么,矛盾对立面的场馆面积不足(对应静止物体面积),场馆空间跨度有限(对应静止物体体积)和硬件标准落后(对应强度)这些物理问题,均可以用配对进行针对性解决,解决思路是寻求局部质量改善,譬如新建场馆;以

及改扩建现有场馆,硬件功能上部分达到或超越。

第二行,市场化程度高是义乌市一直持续优化的参数。具体体现在:(1)市场主体活力和商业直觉发达,这对应问题转换是可制造性强;(2)贸易便利化水平高,经贸配套成本低,这对应问题转换是操作流程方便。根据分析,可解决的恶化指标是专业化高标准展会矩阵不够强,对应功率不足。匹配40条发明原理,这对矛盾可能的解决思路是:(1)增进系统不对称性,在专业会展上寻求创新的覆盖区不重叠领域,扩展业务蓝海;(2)加速氧化反应,通过城市功能与会展中介服务的深化发展来提升专业展会服务能力。

第三行,义乌市会展业市场化发育早,从业企业培育有领先优势,对应问题转换是运动物体重量大、势能大。能解决的对应问题是顶尖会展企业尚未进驻,优势会展资源对接有限,匹配问题是运动物体能量消耗大,自持性有限。这对矛盾可能的对应解决方式是:(1)改变现有节奏,快速运作,加速引进会展龙头企业;(2)热膨胀,通过强化本地会展市场竞争来培育本地龙头企业。

第四行,义乌市拥有义博会这样历史悠久的品牌展会,对应优势参数转换是运动物体作用时间足够长,物理上初速度足够快。但会展业国内竞争不仅日趋激烈,市场竞争态势劣化表现为同类展会逐渐开始复制,而且线上展会兴起,影响展会的关键参数出现变动。解决思路可能有:(1)多维化可以产生品牌多元化竞争优势;(2)有效持续运作可以强化义博会的传统优势;(3)

低成本代替,通过线上线下结合和数字化、智能化手段,降低组展、参展和看展成本,实现成本领先优势。

4.4.3 会展业发展创新方向

4.4.3.1 新建会展场馆

地方政府层面的竞争优势配对场馆硬件落后的不足。义乌市政府对会展业高度重视,不仅出台了会展业发展的五年计划,制定了大量行业促进政策和规范性文件,起草了绿色会展的义乌标准,而且设有专门的会展课来谋划和推动会展业健康协调发展。这种政府支持强度和官方机构专设的执行力度,纵观国内外各大城市都是数一数二的,是会展业能够长足发展的制度保障。面对义乌市会展场馆硬件在近年来各地硬件竞争中的相对滞后。解决思路是进行政府支持下的场馆新建扩建举措。义乌不仅可以扩大现有展会场所面积和单体容量,而且可以从局部质量改善和功能对标已落成一流场馆的两个方面实现硬件标准的迭代和超越。与此同时,多方考察全国各地新一代场馆运维状况,取长补短,可以为义乌市新建和改造会展场馆营造更好的后发优势。

4.4.3.2 转换发展方式

义乌市场微观主体活跃,贸易便利度水平高的优势,与专业化展会软实力不足之间的矛盾。义乌需要转换展会经济发展方式,从产业依赖型地方展会模式切换到流量集聚型门户展会模式。

以义乌的五金工具展为例,过去这个展会主要依赖于本地五金产业的支撑,虽然规模不小,但国际影响力有限。然而,近年来,通过引入国际五金行业的知名品牌和企业,以及举办高水平的行业论坛,五金工具展逐渐从地方性展会转变为具有国际视野的专业展会,吸引了大量国内外买家和专业观众。

义乌的动漫游戏展,通过结合当前流行的二次元文化、电竞产业等新兴产业主题,成功吸引了年轻一代的关注和参与。在展会上,不仅可以看到最新的动漫作品和游戏产品,还可以参与到电竞比赛中,这种创新的展会模式让动漫游戏展成为年轻人追捧的热门活动。这些成功案例表明,义乌会展业要持续发展,必须切换到流量集聚型门户展会模式,充分利用其世界小商品之都的贸易地位和高度国际化的城市风格,吸引更多的人流、信息流、贸易流和物流。在这种新的展会模式下,义乌应深入挖掘和整合浙中地区的会展供给资源,通过创新展会主题,结合新的产业主题、商业模式、消费偏好和文化潮流现象,打造出一系列具有吸引力和影响力的专业展会和综合展会。

此外,义乌还可以借鉴国际知名展会的成功经验。例如,德国的汉诺威工业博览会,通过展示最新的工业技术和产品,吸引了全球工业界的目光。义乌可以结合自身的小商品特色,打造一个展示最新小商品设计、制造技术和市场趋势的国际性展会,进一步提升自身的国际影响力。

4.4.3.3 引进专业班底

会展行业市场化培育早,对应尚未有国内龙头会展企业进驻义乌的矛盾。虽然义乌市自身拥有35家会展企业,但不足以应对义乌打造世界会展门户的重大使命。现有的国际国内会展行业格局是从垄断竞争走向寡头垄断,原有展会企业成长于地域和产业优势所形成的市场环境,又通过跨区域跨行业扩展实现会展市场份额的做大和顶级展会矩阵做强。UFI在册的顶级专业展会基本被世界一流会展企业所拥有,是其核心资产。义乌要增强会展软实力,引入和培育更多高质量展会,就要加快引入国内一流和国际一流的会展主办企业来实现顶级展会项目矩阵的构建。在引入会展龙头企业的同时,也激发了本地会展市场的竞争,以外部企业的品牌和管理优势与本地企业的在地化优势相融合,配套会展业扶持政策的落实,可以有效实现本地会展软实力的提升。

4.4.3.4 输出优质展会

义博会综合展的优势品牌,对应不断出现的兄弟城市会展竞争,以及线上展会的挑战。一方面,义博会历史悠久,有非常大的行业影响力和继续发展的势能。大量二三线城市依托新建场馆想复制义博会的成功,但无论是城市产业结构基础、商贸开放程度还是会展业市场化发育水平都很难望其项背。通过强化义博会品牌,以义博会为标准打造更多消费展会,可以有效复制义博会的成功,时机成熟时还可对外输出义博会品牌。另一方面,线上展会和电子商务的兴起,短期内可能会形成对线下展会的分流,但长期来看,应该会提升线下展会的客流质量,倒逼展会提升自身附加值。电子商务线上分流了纯采购行为,线下展会提供了物理空间的实际接触,可沉淀更多的复杂商务行为。参加线下展会的企业会更关注供应链实力、客户关系维护、共同研发创新、技术扩散、新品发布和产业共同体与社会各方的交流,也能让参展商更多关注参会客户的反馈与意见。因此,义乌市需要通过数字化、智能化来驱动金融、现代物流与通信、工业设计与消费市场分析等行业,完善并提升基于展览和会议的中介配套服务水平,做大会展专业综合服务产业。

第 5 章

精筑会展门户之都,推动义乌市会展业新质跃迁

综观国内外会展业发展动向,义乌市凭借其独特的地理位置、经济实力和贸易优势,以及决策者深思远虑,在会展业领域呈现出强劲的发展态势。课题组殷鉴不远,在深入分析了义乌市会展业资源禀赋、约束限制以及潜在突破基础上,认为将义乌市会展业高质量发展定位为精筑具有国际影响力的"会展门户城市",不仅符合其当前的发展实际,而且能为义乌未来的会展业及其产业协同发展指明方向。

"会展门户城市"是指那些在地区性会展产业中具有重要战略地位,充当国内外会展活动连接点,并具备显著集聚、扩散与示范效应的城市;这些城市往往因其在区域开放体系中各资源要素链接功能,具有成为"门户"城市的市场、制度、技术等优先条件(见表 5-1)。此外,它们还通过政策引导和市场机制,不断推动会展产业的创新和升级,增强城市的国际竞争力和影响力,

从而在全球会展业中占据领先地位。

表 5-1　"会展门户城市"构成七要素

构成要素	要素内涵
交通网络发达	作为门户,这类城市通常位于重要的地理位置,是区域交通枢纽,能够成为会展活动参与者的集散地,便于人员、物资和信息流通
产业根基牢固	作为门户,这类城市能为各类商品展览和交易提供了坚实的产业基础和广泛的商业机遇,同时,城市凭借强大的国际贸易网络,吸引了众多国际采购商和供应商
会展设施先进	作为门户,这类城市汇聚了大量的会展设施资源,包括专业的会展中心、丰富的酒店住宿设施,多样化的餐饮、便捷的物流服务等高质量配套设施
品牌活动聚集	作为门户,这类城市定期举办有国际影响力的品牌会展活动,这些展会应超越单纯的经济交易层面,成为行业精英促进商业合作、技术分享、市场动态分析与政策解读的高端交流平台,进而提升城市在全球会展业中影响力
经济贡献显著	作为门户,这类城市通过举办各类会展活动,能够显著带动相关产业繁荣、创造就业机会,同时注重区域协调发展,辐射效应强劲,与周边城市共建会展经济生态圈
营商环境优越	作为门户,这类城市决策者充分重视会展业的战略工具地位,前瞻性推动会展业发展,通过持续性的政策出新、更新、革新,持续焕新本地会展业高质量发展营商环境
智力资源丰富	作为门户,这类城市往往是知识与技术创新的热点地区,拥有高校和研究机构,能够为会展业提供智力支持和专业指导,推动会展业的持续创新与发展

作为连接国内外小商品市场的重要窗口,义乌市以其独特的商贸氛围和开放的国际视野,正积极构建一个高效、便捷、智能的会展服务体系。义乌市已具备成为会展门户城市的基础与各项条件,有望通过深化国际合作、引进先进的会展理念和技术,进一步整合资源、优化环境、提升服务,打造成为具有国际影

响力的"会展门户之都"。义乌市在推进"会展门户城市"建设的同时,也将持续强化其作为国际贸易综合改革试验区的优势,探索更多创新贸易模式和便利化措施。通过加强与国际市场的互动,义乌市将促进多元文化的交流与融合,丰富会展内容,提升城市国际化形象。

5.1 数字引领,绿色赋能,人才筑基,培育义乌会展"专业"之城

5.1.1 必要性与具体举措

当下,会展业已成为城市对外开放的重要窗口和经济交流合作的平台。提升义乌市会展专业性,有助于义乌市会展业形成独特的品牌优势,吸引更多高规格国际会议和展览活动。专业性会展能够为参展商和观众提供更加精准、高效的服务,提高会展活动的交易效率和商业价值,从而带动相关产业链的发展,促进经济结构的优化升级。此外,专业性会展业的发展还能够促进知识和技术的交流与传播,激发创新活力,推动科技与产业的深度融合。提升义乌市会展专业性,对于构建国际化、市场化、专业化的会展服务体系,推动会展业高质量发展,

具有重要的战略意义。通过推动数字化转型、倡导绿色发展、强化人才培养与引进等举措,义乌市有望在激烈的国际会展竞争中脱颖而出,成为具有全球影响力的会展门户城市。具体举措如下:

5.1.1.1 数字引领方面

构建会展信息化平台,利用大数据和云计算技术,建立一个全面的会展信息化平台。该信息化平台不仅能实现基础的线上服务,还可以集成智能推荐系统,根据参展商和观众的历史行为和偏好,提供个性化的会展信息和服务,极大提升会展业的智能化水平。同时,平台将支持多语言服务,以适应不同国家和地区的参展者,进一步拓宽国际视野,增强会展的全球吸引力。通过这些创新功能,义乌市会展业将更加便捷、高效,为参展各方创造更多价值。

5.1.1.2 引入智能化技术

在会展场馆部署智能化设备,如智能导览系统、无人值守展厅等,提升参展体验。使用 AI 技术辅助策展和营销,通过算法推荐相关内容给参展者和观众,实现个性化服务。利用物联网(IoT)技术收集实时数据,对会展现场的人流、环境等进行智能监控和管理,确保会展活动的顺利进行。这些技术的融合不仅可以提升参展的互动性和趣味性,而且有助于提高会展的安全性和运营效率。

5.1.1.3 绿色赋能

建立绿色会展认证体系，对采用环保材料、节能技术、低碳运营的会展项目进行认证和推广。鼓励和支持会展企业开发和使用可回收、可降解的展览材料，减少对环境的影响；设立绿色展览标准，对符合标准的展览给予一定的政策优惠或奖励，以激励更多的企业参与到绿色会展的实践中来。

5.1.1.4 节能设施与绿色出行

改造会展场馆的照明、空调等系统，采用智能照明系统和高效能空调系统，根据实际需要自动调节，有效降低能源消耗。在绿色出行方面，提供便捷的公共交通和绿色出行方式，减少会展期间的交通拥堵和污染，提升城市的绿色形象，吸引更多注重可持续发展的参展商和观众。

5.1.1.5 环保宣传教育

在会展期间举办环保主题活动，提高参展商和观众的环保意识，如讲座、研讨会和互动体验，旨在提高参展商和观众对环境保护的认识和参与度。同时，可以设置专门的环保展区，展示环保技术和产品，让参展者直观感受绿色创新的力量。通过分发宣传册、设置展板和利用多媒体展示等方式普及绿色会展的知识和重要性。

5.1.1.6　培育、引进与留住人才

强化人才培育机制并拓宽人才引进渠道,通过与当地高等院校及专业机构的深度合作,系统性地培养会展业所亟需的高素质专业人才,以全面提升行业的整体专业素养。同时,精心构建人才引进战略计划,积极吸引海内外杰出的会展专业人才、专业公司汇聚本地,通过提供有竞争力的薪酬待遇、职业发展机会和优质的工作环境,留住关键人才,确保会展业的持续繁荣与创新发展。

5.1.2　推进事项与政策举措

表5-2列举了义会会展市打造会展"专业"之城的改革事项或争取政策,并提出了政策举措内容。

表5-2　打造义乌会展"专业"之城的改革事项或争取政策

改革事项或争取政策	政策举措内容
制定绿色会展专项扶持政策	提供财政补贴或税收减免,鼓励会展企业采用环保材料和技术; 设立绿色会展专项资金,支持绿色会展项目的研发和实施
建立绿色会展认证体系	制定绿色会展认证标准,对符合绿色标准的会展项目和企业进行认证; 通过认证的会展项目和企业可以享受政策优惠和市场推广支持
推广绿色会展技术和创新	鼓励和支持会展企业研发和应用绿色会展技术; 建立绿色会展技术创新平台,促进技术交流和合作

续表

改革事项或争取政策	政策举措内容
数字化展会示范项目	创建数字化展会示范项目,展示数字化技术在会展业中的应用效果,激励行业跟进
跨部门协作机制	建立跨部门协作机制,整合资源,协调推动会展业的数字化进程
数据安全与隐私保护	制定数据保护政策,确保在数字化转型过程中参展商和观众的个人信息安全
数字化技能培训	提供培训项目,增强会展从业人员的数字技能,包括数字营销、大数据分析等
数字化基础设施建设	投资建设高速网络基础设施,确保展会场所有稳定、高速的网络服务,支持数字化应用的实施

5.2 凸显产业乘数效应,形成义乌会展"引擎"之城

5.2.1 必要性与具体举措

义乌市作为世界公认的小商品贸易枢纽,其经济增长与商业活动之间存在内在紧密联系。在这一经济体系中,会展业构成了商贸活动的一个关键环节。鉴于会展业所具有的显著乘数效应,其对经济的带动作用不仅限于直接促进酒店、餐饮和旅游业的发展,而且通过吸引外来投资、激发技术创新和扩大市场与

区域覆盖面等途径,间接地为义乌市的整体经济增长提供强劲的推动力。将义乌市打造成一个以会展业为核心的"引擎"城市,不仅能够进一步巩固其作为国际贸易中心的地位,而且对于实现经济、社会和环境、区域协调发展具有深远战略意义。

5.2.1.1　提升会展品质与内容

加强与国际会展组织的合作,通过共同举办研讨会和专业培训,提升义乌本地会展从业人员的专业水平和国际视野。引入国际知名会展品牌,提升义乌会展的国际影响力。同时,丰富会展内容,涵盖更多领域和行业,吸引不同领域的参展商和观众。

5.2.1.2　加强产业链纵横向整合

政府优化会展业发展规划,通过建立综合的会展平台,实现产业链各环节的无缝对接,促进产业链上下游企业和产业链周边区域的交流与合作,推动产业协同创新。引导和支持企业利用会展资源进行市场拓展和品牌推广,同时鼓励企业通过会展平台开展国际合作,扩宽全球视野。

5.2.1.3　推动会展与旅游融合发展

结合义乌的旅游资源和文化特色,打造一批具有地方特色的会展活动,不仅能吸引更多游客前来参观和体验,而且能通过这些活动展示义乌的历史底蕴和现代活力。同时,通过与旅游部门的联动,将会展活动与旅游线路相结合,为游客提供一站式的旅游和会展体验,进一步促进地方经济的多元化发展。

5.2.1.4 举办高端会议,以会育展

举办高层次学术、行业会议,以会育展:通过周期性地组织会展业的高峰论坛,诚邀国内外会展业界的领军专家、知名学者及企业高层代表,共同深入探讨和研究行业的未来演进趋势,以期提升义乌市会展业的高端性和前瞻性。同时,通过会议成果的转化应用,能够促进本地会展业的创新发展和产业链的优化升级。

5.2.2 会展"引擎"之城列举案例

5.2.2.1 德国科隆

这座充满活力的城市,其引以为傲的科隆国际展览中心无疑是全球展览业的一颗璀璨明珠。该展览中心不仅以其先进的设施和完善的服务著称,而且因其得天独厚的地理位置,成为众多国际性展会的理想举办地。其中,科隆国际游戏展作为业内的标杆,每年吸引着数以万计的专业人士与爱好者齐聚一堂,共同探讨游戏产业的最新动态与未来趋势。除此之外,这里还成功举办过多个涵盖不同领域的重要国际展会,极大地促进了地区经济的繁荣与发展,同时也为国际文化交流与合作搭建了坚

实的桥梁,展现了科隆作为国际会展之都的独特魅力与无限潜力。

5.2.2.2 德国法兰克福

这座城市不仅扮演着德国金融中心的关键角色,而且在国际会展业中占据举足轻重的地位。其拥有的法兰克福展览中心,作为全球顶尖的展览场地之一,凭借其卓越的设施与专业的服务,成功吸引了包括法兰克福书展在内的一系列世界知名展会的落户。法兰克福书展作为国际出版界的盛事,不仅促进了全球图书文化的交流与传播,而且为莱茵美因地区带来了显著的经济效益与文化影响力。这些展会的举办,不仅推动了地区相关产业的蓬勃发展,而且加强了法兰克福作为国际文化交流中心的地位,对整个莱茵美因地区的经济和文化发展产生了深远而积极的影响。

5.2.2.3 意大利米兰

这座被誉为世界时尚和设计之都的城市,其独特的魅力和影响力在全球范围内广受认可。米兰国际展览中心作为城市的重要地标,凭借其卓越的设施与专业的服务,成功吸引了包括米兰时装周和米兰国际家具展在内的大量国际专业展会。这些展会的举办,不仅为米兰带来了显著的经济效益,更为提升城市的品牌形象和国际知名度起到了关键作用。米兰时装周作为全球时尚界的盛事,展示了最新的时尚趋势和设计理念,进一步巩固了米兰在全球时尚产业中的领先地位。而米兰国际家具展则推动了家具设计产业的创新与发展，为城市的经济繁荣注入了新的活力。

5.2.2.4　西班牙巴塞罗那

通过成功举办如巴塞罗那世界移动通信大会等国际性展会，不仅在全球范围内显著提升了其国际知名度，还巧妙地利用了这些展会的平台效应，有力地带动了当地旅游业和相关产业的蓬勃发展。巴塞罗那世界移动通信大会作为全球移动通信领域的顶级盛会，吸引了来自世界各地的专业人士和参展商，他们不仅为城市带来了直接的经济收益，而且通过口碑传播进一步增强了巴塞罗那的国际形象。这一系列国际性展会的举办，使得巴塞罗那在地中海地区脱颖而出，成为该区域会展经济的核心，展现了其独特的魅力和无限的发展潜力。

5.2.2.5　日本东京

作为亚洲地区的会展重镇，其会展业的繁荣与发展在全球范围内享有盛誉。东京国际展览中心等一流场馆，凭借其先进的设施与专业的服务，成功举办了包括东京游戏展在内的一系列高规格展会活动。这些展会不仅吸引了全球的关注，而且为日本的科技、文化和经济发展带来了重要影响。东京游戏展作为全球游戏产业的顶级盛会，展示了日本在电子游戏领域的创新实力与深厚底蕴，进一步提升了日本在全球科技文化领域的地位。同时,这些展会的举办也有效促进了日本相关产业的蓬勃发展,为经济的持续增长注入了新的活力,彰显了东京作为亚洲会展之都的独特魅力。

5.2.2.6 中国深圳

作为国内会展经济发展较为迅猛的城市之一,近年来在会展业领域取得了显著成就。通过精心策划与举办各类专业展会,尤其是中国国际高新技术成果交易会(简称"高交会")这一标志性盛会,深圳不仅成功地推动了本地高新技术产业的快速发展,而且极大地激发了珠三角地区乃至全国范围内的经济创新活力。高交会作为展示最新科技成果、促进产学研合作的重要平台,为深圳乃至整个珠三角地区吸引了大量的国内外投资与合作机会,进一步加速了区域经济结构的优化升级,为中国的创新驱动发展战略贡献了不可或缺的力量,彰显了深圳作为创新型城市的独特魅力与全球影响力。

5.2.2.7 中国厦门

作为会展业与产业发展深度融合的典范城市,通过精心策划与组织各类会展活动,并巧妙结合本地独特的"4+4+6"现代化产业体系,展现出了强大的发展动能。厦门市政府对符合条件的国际性、国家级、专业类产业会展项目给予奖补政策,这一创新举措极大地激发了会展业的活力,不仅吸引了众多国内外知名企业和专业机构的积极参与,而且有效促进了当地产业的升级转型和区域经济的繁荣发展。会展业与产业体系的深度融合,为厦门打造国际化、专业化的会展品牌提供了有力支撑,同时也为城市的可持续发展注入了新的活力与动力。

5.3 挖掘新兴会展题材,塑造义乌会展"双效"之城

5.3.1 必要性与具体策略

"双效"会展,即那些能够同时产生显著经济效益和深远社会效应的会展活动,无疑是推动城市会展业高质量发展的核心动力。传统的会展题材可能已经饱和,且竞争激烈。为了打造真正意义上的会展门户城市,不仅需要巩固和提升现有会展活动的品质,更需要深入挖掘和开拓新兴的会展题材。这些新兴题材应紧扣时代脉搏,反映行业前沿,吸引各方关注,从而为城市带来更多的商业机会、文化交流平台和社会影响力。具体策略如下:

5.3.1.1 跨界题材展会

在会展题材的创新中,多元化是提升义乌会展竞争力的关

键。立足当地特色产业,通过拓展不同行业和领域的会展内容,可以吸引更广泛的参展商和观众。例如,义乌市民较注重时令养生,可以举办涵盖绿色环保与创意医疗和养生结合的跨题材展会。

5.3.1.2 技术融合展会

将最新的信息技术、人工智能、虚拟现实等技术融入会展活动中,提升参与者的互动体验。例如,通过引入增强现实(AR)技术,参展商可以展示产品的三维模型和功能演示,使观众即使在远离现场的情况下也能直观感受到产品特性。

5.3.1.3 文旅特色展会

义乌作为具有深厚文化底蕴和旅游资源的城市,其会展题材的创新应当充分挖掘和利用这些资源。通过策划一系列与地方文化紧密相关的特色展览,如"义乌非遗文化节""传统手工艺博览会"等,可以吸引国内外游客深入了解和体验义乌的传统文化。此外,通过与地方旅游企业合作,开发以展会为主题的旅游套餐和线路,提供一站式的文旅服务,增加游客的参与度和满意度。同时,利用数字媒体和社交平台,扩大展会的影响力,吸引更多年轻群体的关注。这些创新的宣传方式,不仅可以提高展会的知名度,而且能使义乌的文旅品牌更加深入人心,为城市的可持续发展注入新的活力。

5.3.1.4　潮流风尚展会

年轻群体作为现代社会的活跃分子,不仅在消费市场上占据着越来越重要的地位,而且在媒体传播和社交网络中也扮演着关键角色。聚焦年轻群体的个性化需求和社交特性,策划针对年轻群体的喜好,包含潮流艺术、时尚设计、电子竞技等元素的展会,可以打造出多元化的潮流展示平台。同时,可以设置互动体验区,如现场 DJ 表演、时尚秀、电子竞技比赛等,让年轻消费者在参与中体验潮流文化的魅力。此外,利用社交媒体平台进行预热和现场直播,激发年轻群体的参与热情,扩大展会的传播力和影响力。

在实施上述策略时,应当注重以下几个方面:

市场调研。深入了解目标市场和潜在参展者的需求,确保会展题材的创新与市场需求相匹配。市场调研是会展策划的关键步骤,它能够帮助主办方精准定位市场趋势和参展者需求。通过定量和定性的研究方法,如问卷调查、深度访谈、焦点小组讨论等,收集参展者和消费者的反馈信息。利用这些数据进行分析,主办方可以发现市场缺口和潜在机会,进而调整和优化会展主题和内容。此外,市场调研还应涵盖技术发展、消费行为变化、政策环境等多方面因素,确保会展活动能够紧跟时代步伐,满足参展者和观众的期望。通过持续的市场调研和反馈循环,会展项目能够不断迭代升级,保持其竞争力和吸引力。

资源整合。充分利用政府、行业协会和企业的资源,形成合力,共同推动会展题材的创新。资源整合在会展业的发展中扮演着至关重要的角色。通过与政府机构、行业协会以及企业建立紧密的合作关系,可以共享信息、资金、技术和人才等资源。这种跨界合作能够促进资源的优化配置,提高会展项目的效率和效果。例如,政府可以提供政策支持和资金扶持,行业协会能够提供行业数据和专业指导,而企业则可以提供市场洞察和创新技术。通过整合这些资源,主办方能够策划出更具吸引力和竞争力的会展活动,满足参展者和观众的多样化需求,同时推动整个行业的创新和发展。

品牌建设。通过创新会展题材,打造具有义乌特色的会展品牌,提高展会的知名度和影响力。品牌建设是提升会展竞争力的核心策略。通过精心策划和执行,将义乌的地域文化、产业优势和创新理念融入会展活动,形成独特的品牌形象。这不仅包括会展的视觉识别系统,如标志、色彩和主题设计,而且涉及会展内容的深度和广度,确保每次会展都能给参展者和观众留下深刻印象。此外,利用多渠道营销和公关活动,如社交媒体推广、行业合作、口碑营销等,可以进一步扩大品牌影响力,吸引更广泛的参与者。通过持续的品牌建设,义乌市会展业能够在国内外市场中树立良好的口碑,成为会展行业的佼佼者。

持续跟踪。对创新会展题材的效果进行持续跟踪和评估,及时调整和优化策略,确保会展活动的持续创新和发展。持续跟踪是确保会展活动成功的关键环节。通过建立一套完善的反馈机制,可以实时收集参展者、观众和合作伙伴的意见和建议。

利用这些反馈,主办方能够对会展活动的效果进行定量和定性的分析,识别成功要素和改进空间。此外,可以利用数据分析工具,如流量统计、用户行为分析等,来评估会展活动的参与度和影响力。基于这些数据,主办方可以灵活调整会展主题、内容安排、营销策略等,以适应市场变化和参与者需求。通过这种持续的跟踪和评估,会展活动能够不断进化,保持其创新性和吸引力。

5.3.2 "双效"会展题材建设性案例

中国(义乌)影视服装、化妆、道具交流展

国内角色扮演(Cosplay)已经从亚文化群体现象变成主流消费趋势。Cos范畴早已从动漫形象扩展为经典影视剧角色形象、流行IP和社会热点人物等领域。在上海ChinaJoy和杭州动漫展成为知名的国内年轻人娱乐展会之后,义乌可以探索举办影视剧服化道具产业的综合展示,整合横店影视资源与杭州的直播运营资源,在动漫二次元Cos基础上扩展为影视剧Cos的消费者嘉年华。因Cosplay周边制作而衍生的妆化造型、服装定制、道具与玩具制作、现场专业布景与拍摄、聚会服务等细分行业逐渐发育;基于角色扮演和情景模拟的剧本、密室逃脱等游戏服务业态已经是城市青年群体主流娱乐方式,行业容纳就业岗位众多。然而现有大量Coser并未获得足够的场景和机会进行表演与消费,更缺乏足够的会展交流平台。

展会主题:《银幕之下:影视服装、化妆、道具的世界》

展会时间:每年5月、11月(选择此时间段,不仅因为这两个月份气候宜人,更因为它们与5月青年节与11月初的万圣节活动相衔接,这样的安排可以充分利用节日氛围,吸引更多的Cosplay爱好者和影视迷参与其中)。

展会亮点:本次展会以"影视原景重现"为主题,精心策划了一系列亮点活动。除了展出经典影视剧中的服装、道具,让观众仿佛置身于熟悉的剧情之中,享受沉浸式体验外,还特别展示了影视产业链上的多样化产品,如周边商品、特效化妆等,让观众对影视制作有更全面的了解。此外,展会还邀请了多位影视演员,举办明星见面会,与粉丝亲密互动,分享拍摄过程中的有趣故事和幕后花絮。同时,Cos模仿秀等竞赛活动也为展会增添了不少趣味,吸引了众多Cosplay爱好者参与,充分展现了影视文化的多元魅力。

直接效应:展会联动上游产业,如"三服"(汉服、Loli服和JK校服)、假发、游戏道具(如金华的游戏卡牌印刷)、手办周边、仿古器具等亚次元群体周边产品生产制造行业,形成行业凝聚力。

衍生效应:进一步孵化诸如兵击演武模拟(带动收藏级古代兵器、铠甲与服饰制作)、同人创作微剧(带动影视专业制作下沉和普及化)、文化热点IP旅游以及国潮国风与非遗文化传播等多个新的文化消费增长点,让配套辅助这些年青群体消费升级的新兴行业进一步发展,推动本地商贸服务业与制造业提质升级。

关联区域：通过与东阳横店影视资源进行深度合作，可以设立专门的影视主题展区，展示影视剧的服装、化妆、道具等幕后制作过程，为观众提供独特的影视文化体验。同时，借助杭州在直播运营方面的优势，展会可以采用线上直播带货、明星互动等活动，吸引线上观众参与。此外，可以举办行业论坛和研讨会，邀请影视制作、直播运营等领域的专家和业内人士，共同探讨行业发展的新机遇和新挑战。通过这种区域联动和线上线下融合的方式，不仅能够提升展会的吸引力和影响力，而且能够为影视剧服化道具产业的创新和发展注入新的活力。

5.4 培育展旅新业态，打造义乌会展"嘉年华"之城

5.4.1 必要性与具体举措

在体验经济蓬勃发展的今天，会展业与旅游业的交融已成为推动城市发展的新动力。"展旅"新业态，正是会展与旅游两大行业的巧妙结合。面对市场需求的多变性，传统单一经济结构已显得力不从心。而通过融合会展业与旅游业的各自优势，不仅催生了新的经济增长点，而且为经济多元化注入了活力。

这一模式有效地吸引了国内外游客的目光,显著提升了城市的知名度和魅力,为塑造和巩固城市品牌形象发挥积极作用。更重要的是,它搭建了一个文化交流与传播的平台,加深了国际理解与友谊。义乌市作为世界闻名的小商品集散地和美食天堂,凭借其优美的城市环境、便捷的交通网络以及丰富的自然资源,无疑拥有得天独厚的优势——以展促游·以游带展,发展"展旅"新业态。

5.4.1.1 会展与旅游协同发展政策

强化会展与旅游的联动机制。建立会展与旅游部门之间的协调机制,实现资源共享、信息互通,共同策划和推广展旅活动。可以通过创建联合品牌活动,将会展的独特魅力与旅游的地域特色相结合,打造一系列主题旅游套餐。例如,推出"会展+文化体验""会展+生态游"等多元化旅游产品,为参展商和观众提供增值服务。同时,利用数字化平台,如旅游 App 和会展官网,实现线上预订、个性化推荐等功能,提升用户体验。此外,通过举办旅游推介会和会展论坛,加强双方的交流与合作,共同探索新的市场机会。

整合营销推广。通过整合营销策略,可以进一步通过跨媒体平台的协同作业,实现信息的广泛传播。利用社交媒体、网络广告、户外广告等多种渠道,结合线上线下活动,形成全方位的品牌推广矩阵。例如,通过故事化的营销内容,讲述会展与旅游结合的独特体验和背后的故事,以情感共鸣吸引目标受众。同时,开展互动营销活动,如线上有奖竞猜、摄影大赛等,增加受众的参与度和品牌的互动性。此外,与旅游博主、意见领袖合作,通过他们的推荐和体验分享,扩大会展活动的影响力,吸引更多潜在参与者。

开发联票服务。作为提升会展与旅游联动效应的有效措施,开发联票服务可以整合城市内的主要会展场馆和热门旅游景点,提供优惠套票,鼓励游客在参加会展活动的同时,深入体验城市的文化和风光。例如,联票可以包含会展中心入场券、博物馆参观券、城市观光巴士票等,让游客享受到更加丰富和便捷的旅游服务。此外,通过与当地餐饮、住宿、购物等商家合作,提供联票持有者的专属优惠,可以进一步激发游客的消费热情,延长他们在城市中的停留时间,从而带动相关产业的发展,实现经济效益和社会效益的双赢。

设置特色旅游路线。围绕会展活动,设计特色旅游路线,如"会展+文化""会展+购物"等,使游客在参加会展的同时,能够体验城市的文化和商业特色。结合会展主题,开发与当地历史、艺术、美食等相关的深度游路线,让游客在参与会展的同时,有机会探索城市的文化底蕴和生活方式。可以推出定制化的"会展+体验"套餐,如结合当地手工艺制作、非物质文化遗产体验等活动,为游客提供独一无二的文化体验。此外,通过与当地商家合作,为游客提供购物优惠和特色商品推荐,激发游客的购物欲望,促进地方商业发展。通过这些精心设计的特色旅游路线,不仅能够增加游客的满意度和忠诚度,而且能够为城市的旅游业和会展业带来更多的发展机遇。

提供定制化旅游服务。针对不同会展活动,提供定制化的旅游服务,例如,针对专业展会的参与者,可以设计包含行业龙头企业参观、专业市场调研、技术交流会等环节的考察旅游项目,帮助他们深入了解行业发展趋势和市场动态。对于一般观众,可以推出结合当地特色文化、美食品鉴、休闲娱乐等元素的旅游套餐,让他们在享受会展活动的同时,也能体验到城市的魅力。此外,通过提供个性化的旅游服务顾问,根据参与者的兴趣和需求,量身定制旅游计划,可以进一步提升旅游服务的质量和满意度,增强会展活动的吸引力和竞争力。

举办节庆活动和主题展览。举办节庆活动和主题展览是丰富城市文旅生活、展示地方特色的重要方式。例如,可以利用义乌丰富的文化资源,举办文化乡村旅游节,展示传统手工艺、民俗表演、地方美食等,让游客在体验传统文化的同时,也能享受到乡村旅游的乐趣。此外,通过与当地艺术家、设计师合作,举办艺术展览、创意市集等活动,可以进一步提升城市的文化品位和创新氛围,吸引更多追求高品质生活的游客。通过这些节庆活动和主题展览,不仅能够提升城市的文旅氛围,也能够促进地方经济的发展和文化的传承。

利用会展平台进行旅游推介。在会展期间举办旅游推介会,向参展商和观众介绍义乌的旅游资源和产品,激发他们的旅游兴趣。推介会可以包括多媒体展示、现场讲解、互动体验等多种形式,让参展商和观众直观感受义乌的旅游魅力。此外,可以邀请旅游达人和知名博主分享他们的义乌旅游故事,增加活动的吸引力和说服力。通过设置咨询台,提供个性化的旅游建议和预订服务,方便参展商和观众现场了解和规划旅游行程。这种结合会展与旅游推介的方式,不仅能够提升义乌的旅游知名度,而且能够为参展商和观众带来更加丰富和深入的体验。

建立合作伙伴关系。建立合作伙伴关系是促进会展与旅游深度融合的关键。通过与旅游企业、酒店、餐饮等服务业的紧密合作,可以为会展参与者打造一站式的旅游体验套餐。这些套餐可以包括特别定制的旅游路线、酒店住宿优惠、特色餐饮体验等,满足不同参展者的需求。合作伙伴还可以提供专属的接送服务、优先预订等增值服务,提升会展参与者的满意度和忠诚度。此外,通过共享客户资源、联合营销推广等方式,各方可以实现互利共赢,共同提升展旅新业态的市场竞争力和品牌影响力。这种跨行业的合作模式有助于形成良性的商业生态,推动地方经济的多元化发展。

运用数字技术提升体验。利用移动应用、增强现实等数字技术,为游客提供智能导览和个性化推荐,提升旅游体验。例如,开发专门的移动应用程序,集成地图导航、语音解说、实时翻译等功能,帮助游客更便捷地探索目的地。利用增强现实技术,游客可以通过手机或 AR 眼镜,观看到历史场景的重现或艺术品的立体展示,使传统文化和现代科技相结合,提供沉浸式的旅游体验。此外,通过大数据分析游客的行为和偏好,智能推荐系统能够为游客提供个性化的旅游路线和活动建议,让每位游客都能享受到定制化的旅游服务。这些创新技术的运用，不仅提升了旅游的趣味性和便捷性，而且为旅游行业的数字化转型提供了新的思路和方向。

加强国际合作与交流。通过积极参与国际会展和旅游组织，参考新加坡加入关键性国际会展和旅游组织，如国际大会及会议协会（ICCA）、世界旅游组织（UNWTO）等，义乌能够与全球会展和旅游行业的领导者建立联系，学习借鉴他们在市场推广、服务创新、可持续发展等方面的先进经验。同时，通过与国际会展城市的结对合作，举办联合展览、互访交流等活动，可以吸引更多的国际参展商和游客，拓宽国际视野，提升义乌在全球会展和旅游市场中的知名度和影响力。此外，引进国际先进的会展和旅游管理标准和认证体系，能够提高义乌展旅服务的专业性和质量，满足国际市场的需求，推动义乌展旅新业态向更高层次发展。

5.4.2 推进事项与对标案例

表5-3列举了打造义乌会展"嘉年华"之城的推进事项或争取政策，并提供了对标学习范例。

表5-3　打造义乌会展"嘉年华"之城的推进事项或争取政策

推进事项或争取政策	对标学习范例
重视"嘉年华"品牌建设，加大宣传和推广力度，重视"名人"传播效应和自媒体功能	巴西圣保罗嘉年华、意大利威尼斯嘉年华等通过长期举办和不断推广，成功打造了地方特色品牌

续表

推进事项或争取政策	对标学习范例
政府提供必要的支持和保障，为嘉年华的成功举办创造有利条件	法国尼斯嘉年华等得到了当地政府的大力支持，包括资金扶持、场地提供、安全保障等
内容共创与平台整合。	China Joy Plus 线上嘉年华通过与参展企业的深度内容共创合作，整合线上流量平台，这实现了品牌曝光和在线销售
在策划和举办嘉年华会展时，充分考虑义乌文化和产业特色，打造具有地方特色的嘉年华品牌	香港冬日美食嘉年华、广州国际玩具及模型展览会等，这些嘉年华会展都紧密结合了当地的文化和产业特色
策划和举办嘉年华会展时，充分考虑游客的需求和体验，提供优质服务和体验，增强游客满意度和忠诚度	美国的国际消费电子展（CES）利用虚拟现实技术提供沉浸式体验，而日本的东京电玩展（Tokyo Game Show）通过宣传画、预告片等方式吸引玩家和开发商

5.5 协同离岸自贸区战略建设，铸就义乌会展"国际"之城

5.5.1 必要性与协同发展意义

设立义乌离岸自贸区，是义乌市区域经济发展、会展业发展的前瞻战略选择。离岸自贸区是一种特殊经济区域，设立在国家或地区内部，实行与国内其他地区不同的税收和监管政策。这些区域具有税收减免、金融活动自由化、法律和合同的

灵活性等核心特点,同时充当国际贸易和资金结算中心。离岸自贸区和会展业在国际化、经济带动、市场推广、信息共享、促进交流、国际物流枢纽等特点和功能上具有多重竞合。离岸自贸区的建设和发展可以为会展业新质发展提供有利条件,而会展业的繁荣也能反过来促进离岸自贸区的商业活动和国际影响力。两者的结合能够形成协同效应,共同推动区域经济的高质量发展。

在义乌设置离岸自贸区,对铸就义乌会展"国际"之城具有深远意义。作为全球小商品贸易的枢纽,义乌通过设立离岸自贸区能进一步降低贸易壁垒,提供更便利的贸易条件,从而吸引更多国际买家和卖家,显著增强其全球贸易竞争力。这一举措还将有力提升义乌会展业的国际影响力,有助于参展企业快速扩展品牌知名度,构建国际商业网络,寻找合作伙伴。离岸自贸区的金融政策支持便捷的跨境资金流动,有助于企业和客户快速完成交易结算,提升会展绩效。更重要的是,离岸自贸区的建立有望成为推动义乌经济结构优化升级的新动力,通过会展平台的行业前沿指示器功能、离岸政策创新和制度供给,引导资本向高新技术产业与现代服务业等领域流动。此外,离岸自贸区的建设还将进一步提升义乌的营商环境,为会议、展览、赛事、演出等活动提供更加国际化的平台,增强城市的国际知名度,更好地融入区域经济一体化进程。

5.5.2 改革事项和对标案例

表5-4列举了义乌打造"离岸"之城的改革事项或争取政策,并提出了对标方向范例。

表5-4　打造义乌会展"离岸"之城的改革事项或争取政策

改革事项或争取政策	对标学习范例
税收优惠政策	迪拜港自贸区内注册的企业可以享受零税率的待遇,涵盖企业所得税、个人所得税、资本利得税等多个税种。这意味着企业可以节省大量的税收支出,将更多资金用于业务拓展和创新。迪拜全境不征收个人所得税,这一对于离岸自贸区员工来说尤为重要,使其成为国际人才的热门聚集地
外资优惠政策	迪拜港自贸区的外资可100%独资,国外厂商享有全部的经营所有权和资本利润分配自主权,资本与利润可自由汇出。外企享有50年免缴企业所得税的政策优惠,无个人所得税,无进出口关税和再出口关税,自贸区内存储、贸易、加工制造均不征收任何税收
高度国际化的金融市场和开放的经济政策	中国香港完善的离岸人民币清算行制度和离岸人民币市场体系,为全球投资者提供了便捷的人民币交易和投融资平台
金融创新和金融科技的发展	伦敦作为全球最大的外汇市场之一,其离岸人民币市场为人民币交易提供了极大的便利性和流动性
负面清单管理,了解投资环境,降低投资风险	迪拜在自贸区管理中采用负面清单制度,列出禁止或限制外商投资的领域,清单之外给予外商投资企业国民待遇

5.6 旧馆焕新，新馆起航，场馆升级与空间综合体规划同步推进

义乌现有会展中心虽具规模，但面临形制、技术指标和交通功能的限制，与竞争城市场馆相比处于劣势。多层设计虽提高空间利用率，却带来人流量不均、物流通道不足和地面承重不足等问题，制约了专业展会的举办。国际一流会展中心主要采用大平层布局，提供更专业、灵活的展览空间，满足高标准需求。鉴于国际知名会展城市展区面积要求基本在20万平方米以上，义乌有必要新建新会展场馆，以提升硬件竞争力。同时大力实施数字化、信息化、绿色化的老场馆改造。新场馆则定位于专业展会，旨在提升义乌会展品牌的专业性和权威性。改造后的老场馆将专注于传统的义博会和类似的综合消费展，满足市场多样化需求。

5.6.1 传统场馆焕新，全面改造与升级策略

5.6.1.1 传统会展场馆改造前的优势与劣势

义乌现有公园型会展场馆以其独特的绿色环境和生态优

势,满足了城市绿色覆盖率的需求,将会展功能与公园环境相结合,为参展者和市民提供了绿意盎然的交流空间,在繁忙的会展活动中,这样的环境有助于缓解参展者的疲劳,提升城市生态品质。然而,其劣势在于地理坐标不够清晰,可能导致初次来访的参观者难以快速定位;同时,展馆与公园的分区不明显,公园型场馆在管理和维护上也可能面临更多的挑战,如人流控制、环境维护等,影响了会展活动的专业性和参观者的体验。

5.6.1.2　会展场馆改造后大大提升了功能与活力

局部质量改善,以数字化、智能化、绿色化为方向改造现有会展中心,焕新传统场馆的功能与活力。首先,对现有场馆内的硬件设施进行整体有条件升级可以极大提升展会数字化运维能力,通过阶段性改造展馆强弱电管路、完成灯光与音响智能化升级,以5G覆盖和LOT部署实现数字感知与数值模拟的场馆数字化运行与维护,跟进满足现代综合展会的技术需求。虽然大平层设计和地面承重能力并非原有会展中心土建结构所能提供,但改进优化物流通道可以实现。其次,通过增设和改建多层展馆建筑的货车物流通道,满足参展商能够更便捷地进行布展和搬运的需求。再者,以 BIM 为基础建立智能化运维体系,动态监控和引导观众人流与展会外交通车流,并通过适应性改造完成多功能厅、会议室、休息区等区域的改址与改造,满足不同类型的展会和活动的管理需求。最后,广泛采用环保材料和绿色技术,从建筑物生命周期角度减少场馆改建和运行的排放压力,提升建筑物能效水平,实现绿色低碳会展。

5.6.2 未来场馆蓝图,前瞻规划空间综合体

5.6.2.1 总体规划思路

在会展场馆竞争激烈的背景下,义乌新会展场馆的建设应具有前瞻性,确保场馆运维的可持续性、灵活性和可扩展性。义乌市政府应考虑设立专门的机构来监管场馆的规划和运营,做好会展经济保驾护航工作;引进地方国资控股的有实力的市场化主体投资兴建和改扩建场馆;招纳境内外知名会展设施运营机构和高水平主体会展持有方企业提前进行需求对接。通过多方协同治理的市场化和专业化运作,提升会展硬件设施与综合配套服务水平和运营效率,软硬结合促进义乌会展业的长期发展,形成组合优势,构建会展经济增长点。

5.6.2.2 选址建议

新建国际会展中心要契合义乌城市远景规划,实现城市城区功能组团提质增量,支持城市综合功能跨越式发展。以临空港经济区为主要考虑范围,贴近义乌机场与高铁站快速转运半径,确保会展中心的可达性、大规模人流转运的便利性和交通枢纽吞吐能力的叠加发挥,提升会展中心通达属性。临空港经济区建筑限制层高,容积率低,刚好与国际会展中心场馆实现大平

层设计实现了规划的互洽。平层设计而且占地面积广阔的新国际会展中心可以有效丰富临空港经济区域的生产经营业态,引领空港经济区经济结构转向高端服务业,提升单位土地产值,降低区域能耗和碳排放,为实现绿色可持续增长创造长期有利条件。此外,会展场馆周边建成配套商用区域将批量兴建高端酒店、餐饮,并为国际贸易与物流、金融、法务、会计等会展业相关市场中介主体提供高端办公场所和国际化的交通与通信服务支持,以参展商入驻和从业人员常驻而带来的生活与休闲娱乐消费也将提升临空港周边服务业产值。

5.6.2.3 场馆设计要点

新会展场馆围绕国际一流水平的专业展会,应满足以下特征:(1)采用大平层布局,单馆面积2万平方米左右,展区平铺,可多馆拼接打通完成展会面积扩张;(2)单馆功能区外置或上置,能保证单馆承接对应规格会展的餐饮、休息、媒体采播、小型会议等基础功能独立实现;(3)钢架梁结构大跨度、内层高、少廊柱甚至馆内无柱,满足专业展会的设备对空间整体利用的尺寸比例需求;(4)场馆的地面承重能力应达到5 000千克/平方米的主流专业展馆标准,用来接纳工业设备展的专用设备现场试装和生产;(5)以地笼管道预埋方式进行布线设计,实现动力线、信号线、监控线、给排水和气体的暗线入地以及后期可更换可维护,保证地面平整,提升展馆地面通过性;(6)专用物流设备通道满足大尺寸大吨位设备的托运进场和吊运安装;(7)基于物联网和 5G 移动技术的光、电、波、声、气传感器矩阵安装与网络部署，实现会展数字化管理的基座建设，为智能化运维奠定前端基础；(8)搭建以 BIM 为基础的会展展馆智能运维系统，实现从数字模拟仿真到数字孪生的展馆运行维护；(9)采用可降解、可回收、可再利用的场馆建设材料，满足绿色会展要求；(10)高标准提升新场馆建筑物能效，塑造展馆建筑物节能减碳可持续性新标杆；(11)装载屋顶光伏太阳能发电和储电墙一体化系统，构建清洁发电储能社区的中央节点。

5.6.2.4 功能与服务拓展

除了举办展会外，新会展场馆还应具备多样性大型活动举办的功能预设，包括但不限于超大型会议与论坛、室内文娱活动、演艺、室内体育竞赛与表演、企业与社会组织团拜和团建、科普与知识学习等，扩大场馆服务经济社会的范围、提高场馆利用率、增加场馆收入来源。新会展场馆应设计灵活的空间布局和先进的技术设施，以适应不同类型活动的举办需求。例如，配置可变舞台、多功能视听设备和可调节座椅，以满足从小型研讨会到大型演唱会的多样化需求。此外，通过引入智能化管理系统，如智能照明、温控和人流监控系统，提高场馆的运营效率和安全性。同时，开发线上预订、虚拟展览等数字化服务，为用户带来便捷的体验。通过这些措施，会展场馆能够吸引更广泛的客户群体，实现多元化经营，增强其市场适应性和盈利能力。

5.6.2.5 建设周期与迭代

考虑到房地产市场景气周期以及高水平展会的引进和孵化渐进特征,新场馆建设应分期分批、量力而为。在总体规划基础上分二到三个建设阶段,一期先建成 5~6 个馆,约 10 万平方米,并完成周边商业配套,形成国际专业展会主阵地,为高规格专业展会的进驻筑巢引凤;后期根据一期场馆运营反馈进行择机调整和修改,保持经营探索和创新迭代节奏,保证高标准国际会展业运营软硬件优势持续。在实施过程中,应充分考虑技术进步和消费者需求的变化,预留足够的空间和接口,以便于未来技术的升级和功能的扩展。例如,在设计初期就考虑到智能化管理系统的集成,为引入最新的数字展览技术打下基础。同时,应密切关注行业发展趋势,及时调整运营策略,以满足市场和参展商的不断变化的需求。通过持续的优化和升级,新会展场馆能够保持其吸引力和竞争力,成为引领行业发展的标杆。

第 6 章

结论与展望

6.1 研究结论

本书通过对国内外会展业发展的系统性分析与对义乌市会展业发展现状的深入探讨得出了一系列有学术价值与实践指导意义的研究结论。这些结论不仅揭示了全球会展业的复苏与变革趋势以及义乌市会展业的独特模式与成就,而且为义乌市及其他县域城市会展业的未来发展提供了重要参考与借鉴意义。

国际会展业的发展历程与韧性特征。国际会展业历经下降反弹、震荡调整、持续增长及复苏革新四个阶段,展现出强大的韧性与复原力。特别是面对 2008 年全球金融危机与 2020 年新冠疫情的冲击，会展业不仅稳住了市场地位，而且在短期内实现了迅速调整与恢复，这充分证明了会展业具有顽强的生命力和快速复原能力。

国际会展业运作模式的多样性。国际会展业的发展模式呈现出多样性，这些模式各具特色，适应了不同国家和地区的发展需求与资源禀赋。政府主导型会展在资源配置与战略规划中发挥核心作用；企业推动型会展则依靠市场驱动，注重品牌塑造与市场推广；协会/非政府组织型会展强调行业服务与交流；商业运作型会展追求经济效益最大化；合资/合作型会展则通过多方合作实现资源共享与优势互补。

国际会展业发展主题的动态变化。国际会展业的发展主题随着时间推移与经济环境的变化而不断演变。通过 CiteSpace 信息计量与可视化工具分析，研究识别出了贸易展会、管道效应、会展中心、会展竞争力、特定出口市场、技术采用等关键发展主题。这些主题反映了会展业在不同历史阶段的关注重点与核心议题。

国际会展业的发展趋势与前景。行业正在向价值共创、产业集群、会展旅游、创新意图、绿色会展、贸易博览会、网络能力和人工智能这八个方向深化发展。其中，价值共创强调提升展会参与者的互动与收益；产业集群通过会展活动促进相关产业联动；会展旅游融合商务与休闲需求；创新意图依托新兴技术赋能会展业；绿色会展倡导环保材料与节能技术；贸易博览会仍是重要交流平台；网络能力强化会展活动的国际传播力；人工智能则引领会展策划与运营的新变革。这些趋势的交织与融合,将为会展业带来前所未有发展机遇与广阔前景。

国内会展业发展新动向与区域差异。国内会展业在新时期呈现出显著的发展新动向。一线城市通过新建和扩建现代化会展场馆,提升会展硬件设施的国际化水平,并积极引入和培育国际知名展会,形成会展经济的集聚效应。而二三线城市则依托自身产业优势,积极打造特色展会,推动地方经济的多元化发展。这种区域差异的发展态势,不仅丰富了国内会展业的布局,也为不同城市提供了差异化的发展策略。

国内会展经济战略扩散与软实力竞争。随着会展业对经济拉动作用的日益显著,各省市纷纷加大对会展经济的战略部署,会展经济战略在国内逐步扩散。然而,在会展资源相对有限的情况下,软实力竞争成为会展业发展的关键。高品质展会、专业化服务、国际化推广等因素成为提升会展业软实力的重要途径。

国内会展业市场化程度与政策支持。一方面,市场化运作机制使得会展业能够更加灵活地应对市场需求变化;另一方面,政府的政策扶持为会展业提供了必要的制度保障和资源支持,特别是在基础设施建设、税收优惠、财政补贴等方面发挥了关键作用。未来,如何在市场化与政府支持之间找到平衡点,将是国内会展业持续发展的重要课题。

资源禀赋与制度创新共促会展业发展。义乌市会展业的蓬勃发展得益于其丰富的商品资源和独特的商贸环境。同时,义乌市政府通过一系列前瞻性的制度设计与政策创新,如设立会展科、制订会展业发展规划、出台绿色会展标准等,为会展业提供了坚实的制度保障和政策支持,促进了会展业的规范化和市场化发展。

会展业发展面临硬件设施滞后挑战。尽管义乌市会展业在规模和国际影响力上取得了显著成就,但现有会展场馆在形制、技术指标等方面存在滞后问题,难以满足现代化高标准展会的举办需求。这一硬件设施的不足成为制约义乌市会展业进一步发展的关键因素,亟待通过新建和改造场馆来提升硬件竞争力。

国际化进程与品牌化建设仍需加强。义乌市会展业在国际化和品牌化建设方面取得了一定进展,但仍需进一步努力。面对全球会展业的激烈竞争,义乌市应加强与国际会展组织的合作,引入更多国际元素,提升展会的国际影响力和品牌辨识度。同时,通过持续的品牌化建设,打造具有义乌特色的会展品牌,增强市场吸引力和竞争力。

会展业关联带动效应有待深入挖掘。义乌市会展业在关联带动产值方面仍存在不足,未能充分发挥其对相关产业的拉动作用。未来,义乌市应进一步优化会展业结构,提升服务质量,加强会展业与旅游、物流、商贸等相关产业的深度融合,促进区域经济的一体化发展。通过挖掘会展业的关联带动效应,实现经济效益和社会效益的双赢。

以商兴展,精筑"会展门户之城"。义乌会展业依托地理、经济和贸易优势,发展强劲。本研究定位义乌为"会展门户城市",符合实际并指引未来。义乌作为市场连接点,基础坚实,有望通过国际合作与资源整合,优化环境,提升国际影响力,同时强化国际贸易优势,促进文化交流,丰富会展生态。

数字化转型与智能化升级加速会展业创新。义乌市会展业需全面拥抱数字化转型的浪潮,致力于构建一个高效、智能的会展生态系统。通过搭建先进的信息化平台,实现展会信息的实时共享与智能匹配,为参展商和观众提供更加便捷、精准的参展体验。同时,积极引入 AI、大数据、云计算等前沿技术,应用于展会的策划、组织、运营和服务等各个环节,实现展会流程的自动化、智能化管理。

绿色会展理念引领可持续发展路径。在全球可持续发展的背景下,义乌市会展业需积极践行绿色会展理念,将环保、节能、低碳贯穿于会展活动的全过程。通过推广使用环保材料、节能技术,优化展会布局和能源管理,减少会展活动对环境的负面影响。同时,制定并实施严格的绿色运营标准,对展会项目进行绿色认证,鼓励和支持会展企业采取绿色行动。

"双效"展会模式探索会展业新高度。义乌市会展业需将"双效"展会模式作为未来发展的重要方向,即追求经济效益与社会效益的双重提升。通过跨界融合、技术创新、文旅结合等多种手段,深入挖掘展会内涵,丰富展会形式,打造具有地方特色和行业影响力的品牌展会。这些展会不仅促进了地方经济的繁荣和发展,而且提升了城市的文化软实力和国际影响力。同时,"双效"展会模式还注重社会效益的实现,通过推动文化交流、公益慈善等活动,增强了展会的公共价值和社会责任,为会展业树立了新的标杆和典范。

会展业与旅游业深度融合,催生新业态。义乌市需依托丰富的旅游资源和便捷的交通网络优势,积极探索会展业与旅游业的深度融合发展路径。通过开发联票服务、设置特色旅游路线、举办节庆活动等措施,实现会展活动与旅游资源的无缝对接和互动共赢。这不仅吸引了更多国内外游客前来参展和旅游消费,推动了旅游业的繁荣和发展;还为会展业带来了更加多元化的客源和市场空间,促进了会展活动的持续繁荣和创新发展。

国际化战略拓宽会展业发展空间。义乌市会展业需将国际化战略视为拓宽发展空间的必由之路。通过积极融入全球会展业网络,加强与国际知名会展组织及机构的紧密合作,共同举办高端国际展会,积极引进国际品牌展会落户义乌,以此提升本地展会的国际知名度和吸引力。同时,前瞻设置和依托离岸自贸区等独特政策优势,为国际买家和卖家搭建更加便捷、高效的交易平台,进一步拓宽了国际贸易渠道,推动会展业向更高层次、更宽领域发展。

人才引进与培养机制为会展业注入新活力。人才是会展业发展的核心驱动力。义乌市需加大人才引进与培养力度作为推动会展业持续创新的关键举措。通过与国内外知名高校及专业机构建立深度合作关系,共建会展人才培训基地,为本地会展业输送高素质、专业化的新鲜血液。同时,鼓励本地会展企业建立健全内部培训体系,提升员工的综合素质和业务能力。此外,义乌市还将出台一系列优惠政策,吸引海内外优秀会展人才汇聚义乌。

产业链整合与协同创新增强会展业竞争力。通过深入分析会展产业链上下游企业的关联度和互补性，义乌市需推动相关企业建立紧密的合作关系，共同开发新兴会展题材，探索跨界融合与业态创新。同时，加强与制造业、物流业、旅游业等相关产业的协同合作，构建完善的会展产业生态体系，提升整体竞争力和市场响应速度。

6.2　研究展望

尽管本书对国内外会展业和义乌市会展业的发展进行了全面而深入的探讨，但仍存在一些不足之处，还需要关注以下几个方面以深化理解。

从国际方面来看，全球会展业的复苏与变革趋势将持续演变，国际会展业的竞争格局与合作模式将不断发生变化，会展业的数字化、智能化、绿色化转型将加速推进。未来研究应密切关注新兴技术在全球会展业中的应用案例，分析其对行业效率、参展体验、国际竞争力等方面的影响，并探索如何将这些成功经验应用到更广泛的会展业实践中。同时应深入分析国际会展业的合作机制、市场准入规则、跨国企业竞争策略等，为我国会展业走向国际市场提供理论支持和实践指导。

从国内方面看,一方面,国内会展业在政策扶持、市场需求、基础设施建设等方面不断完善,为会展业的快速发展提供了有力保障;另一方面,会展业也面临着同质化竞争、创新能力不足、国际化水平提升等问题。未来研究应聚焦于如何应对新兴市场的崛起和消费者需求的多样化,提升国内会展业的创新能力和国际竞争力,探讨如何通过品牌化、专业化、国际化等策略推动会展业高质量发展,如何结合大数据、人工智能等技术手段,探索更加科学地开展市场调研和数据分析,精准定位展会主题和内容,提升展会的针对性和实效性。

从县域会展业态来看,本书主要聚焦于义乌市会展业的发展模式与成就,对其他县域会展业的比较研究相对较少,未来可以进一步扩展研究范围,对比分析不同县域会展业的发展路径与特点,提炼出更具普适性的发展经验和模式。在具体内容上,书中探讨会展业与旅游业融合发展时,虽然提出了展旅新业态的概念,但具体实施方案和效果评估尚待进一步深入研究。未来可以通过实证研究,详细分析展旅融合的具体路径、经济效益与社会效益,以及面临的挑战和解决方案,为会展业与旅游业的融合发展提供更为科学的指导和建议。最后,本书在探讨义乌市会展业发展策略时,提出了一系列政策建议,但这些政策的实施效果还需进一步跟踪评估。未来可以通过长期跟踪研究,评估各项政策的实际效果,及时调整和完善政策体系,为义乌市会展业的持续发展提供有力保障。

参考文献

[1]蔡礼彬,司玲.会展可持续发展评价指标之构建——以广交会为例[J].广州大学学报(社会科学版),2016,15(01):73-81.

[2]耿松涛,杨晶晶,严荣.自贸区(港)建设背景下海南会展业发展评价及政策选择[J].经济地理,2020,40(11):140-148.

[3]胡慧源,年璐臻.互联网会展平台的数据赋能、价值创造和价值获取——基于H平台的纵向单案例研究[J].科技管理研究,2022,42(19):173-180.

[4]何昭丽,施虞,万绪才,等.少数民族水文化与旅游产业融合:内在动因与实践途径——以维吾尔族水文化为例[J].广西民族研究,2023,(03):113-119.

[5]何夷.共生理论视角下场馆型体育服务综合体发展研究[D].武汉:华中师范大学,2023.

[6]何会文,付千娱.权威机构出任展会主办单位的合法性效应研究——以上海为例[J].旅游学刊,2022,37(04):67-78.

[7]花建,田野.数字游戏产业上市企业的发展驱动力——

以上海为重点的研究[J].深圳大学学报(人文社会科学版),2018,35(02):37—47.

[8]黄玉妹.新加坡会展业成功因素分析及经验借鉴[J].亚太经济,2015,(06):71—77.

[9]贾岷江,王雪婷,张学梅.贸易展览会规模化与国际化关系的探索性研究[J].四川理工学院学报(社会科学版),2017,32(02):86—100.

[10]刘林艳.互联网驱动的展览业商业模式创新[J].中国流通经济,2018,32(09):74—84.

[11]李勇军.我国政府主导型展会的演进和模式转变[J].西部论坛,2017,27(06):75—81.

[12]罗秋菊,罗倩文.中国省域展览业与经济相关关系及其空间溢出研究[J].地理科学,2016,36(11):1729—1735.

[13]孟奕爽,黄心玉.湖南省展览业发展与服务业经济增长的关系研究——基于灰色关联分析[J].对外经贸,2024,(01):19—22,111.

[14]宋瑞,王业娜.文化空间理论视角下博物馆对城市旅游发展的影响研究:以北京为例[J].北京联合大学学报(人文社会科学版),2024,22(02):1—13.

[15]孙树青.数字化背景下非遗会展创新发展路径探究[J].商展经济,2024,(04):4—6.

[16]万莹莹,姜长云.发达国家推进农业与服务业融合发展的主要形式、新趋势与启示[J].世界农业,2024,(01):5—14.

[17]吴培培,朱小川,张雨阳,等."双循环"战略下城市支撑能力协同对门户产业功能的影响——以长三角城市群会展业为例[J].城市发展研究,2022,29(06):34-42,101.

[18]吴青兰,陈民伟,耿松涛.城市会展业经济影响评估模型与实证——以厦门市为例[J].统计与决策,2022,38(15):39-44.

[19]王绍媛,秦煜洺.新冠肺炎疫情下中国进出口商品交易会的新举措与新思路[J].国际贸易,2020,(12):67-74.

[20]王佩良,蔡梅良,彭培根.中小城市会展产业发展路径研究——以郴州为例[J].湖南社会科学,2018,(04):152-158.

[21]肖皓,唐斌,许和连.中非经贸博览会的建设成效与展望[J].西亚非洲,2023,(03):74-93,157-158.

[22]杨红,闫涵,唐佳玥.从"视觉沉浸"到"数据沉浸":数字展览的价值特点与迭代趋势——以"纽约的生活肖像"城市数字展为研究个案[J].南京艺术学院学报(美术与设计),2024,(03):187-193.

[23]杨子实.中阿博览会的起源、贡献与展望[J].西亚非洲,2021,(04):74-96,158-159.

[24]杨玉英,雷春,卢新新,等.我国会展业的开放进程与发展策略[J].宏观经济管理,2019,(03):78-83.

[25]严荣,覃凯璇,耿松涛.会展业发展与经济增长关系的时空差异及影响机理——基于海南省的实证研究[J].东南大学学报(哲学社会科学版),2024,26(03):117-128,152.

[26]尹书华,戴光全.基于CAS理论的节事空间秩序建构的逻辑与实践——以广州国际灯光节为例[J].人文地理,2023,38(03):58-68.

[27]余洁,邵淑敬.中国城市展览业时空演化特征及其驱动因子[J].地域研究与开发,2023,42(05):49-54.

[28]易闻昱,杨倩.体育与会展产业融合:理论逻辑、现实发展与未来展望[J].上海体育学院学报,2022,46(12):94-108.

[29]殷杰,杨艺同.我国展览业与旅游业协调发展的时空演化特征及其驱动因子[J].经济地理,2020,40(08):194-202.

[30]俞华.新常态下我国展览业趋势、特点及发展对策[J].宏观经济管理,2017,(02):75-82.

[31]章明,丁阔,丁纯.深圳低碳城会展中心——低碳建筑中的主动式建筑技术路径探索[J].建筑学报,2023,(06):50-54.

[32]张苏缘,顾江.临时性产业集群如何促进城市创新[J].财经科学,2023,(02):138-148.

[33]郑晓星.农业会展经济发展与实践应用[J].农业经济问题,2023,(11):2.

[34]詹圣泽.金砖峰会与厦门"国际范"城市环境提升[J].科学管理研究,2017,35(04):114-116.

[35]张晓明,张健康.德国会展业四大发展趋势及其对我国的启示[J].理论探索,2016,(03):93-98.

[36]Bauer T, Borodako K. Trade show innovations-Or-

ganizers implementation of the new service development process[J]. *Journal of Hospitality and Tourism Management*, 2019, 41:197-207.

[37]Buhalis D, Harwood T, Bogicevic V, et al. Technological disruptions in services: lessons from tourism and hospitality[J]. *Journal of service management*, 2019, 30(4):484-506.

[38]Kennett-Hensel P A, Kemp E, Williams K, et al. The Path to Adoption and Advocacy: Exploring Dimensions of Brand Experience and Engagement at Trade Shows[J]. *Event Management*, 2019, 23(6):871-881.

[39]Li Y. Study on fuzzy comprehensive competitiveness evaluation of urban exhibition industry with hesitant fuzzy information[J]. *Journal of Intelligent & Fuzzy Systems, Applications in Engineering and Technology*, 2023, 45(1): 1313-1323.

[40]Mccartney G, Leong V M W. An examination of the impact of green impressions by delegates toward a trade show [J]. *Journal of Convention & Event Tourism*, 2018(19):25-43.

[41]Mora C R, Johnston W J, Gopalakrishna S. Driving participation and investment in B2B trade shows: The organizer view[J]. *Journal of Business Research*, 2022, 142: 1092-

1105.

[42]Neslin, S. The omnichannel continuum: Integrating online and offline channels along the customer journey[J]. *Journal of Retailing*, 2022, 98 (1):111—132.

[43]Rai S, Nayak J K. The essence and measurement of trade show event experiences[J]. *Event Management*, 2020, 24 (2—3):409—425.

[44]Rojas-Bueno A, Alarcón-Urbistondo P, González-Robles E M. The role of intermediaries in the MICE tourism value chain: consensus or dissonance? [J]. *Journal of Business & Industrial Marketing*, 2022, 38 (1): 252—265.

[45]Shang Y, Pu Y, Yu Y, et al. Role of the e-exhibition industry in the green growth of businesses and recovery [J]. *Economic Change and Restructuring*, 2023, 56 (3): 2003—2020.

[46]Schabbing B. Current challenges and alignment options for German MICE destinations to increase competitiveness after Corona [J]. *Journal of Convention & Event Tourism*, 2022, 23 (1) :86—94.

[47]Sihvonen J, Turunen L. Multisensory experiences at travel fairs: What evokes feelings of pleasure, arousal and dominance among visitors? [J]. *Journal of Convention & Event Tourism*, 2022, 23 (1):63—85.

[48] Silva P M, Paco A F, Moutinho V F. The Trend of Omnichannel Trade Fairs. Are B2B Exhibitors Open to This Challenge? A Study on Portuguese Exhibitors[J]. *Journal of Business-to-Business Marketing*, 2023, 30(1):15—31.

[49] Silva P M, Moutinho V F, Vale V T. A new approach of innovation and network on export in trade fair context: evidence from Portuguese SMEs[J]. *Journal of Business & Industrial Marketing*, 2022, 37(3):509—528.

[50] Vitali V, Bazzani C, Gimigliano A, et al. Trade show visitors and key technological trends: From a literature review to a conceptual framework[J]. *Journal of Business & Industrial Marketing*, 2022, 37 (13):142 - 166.

[51] Wang S P, Chen M S, Li M J. Taiwan's Marketing Strategies for Green Conferences and Exhibitions[J]. *Sustainability*, 2019, 11(5):1220.

[52] Wu L, Yu, L, Wang, S. Knowledge spillover at trade shows and exhibitor innovation[J]. *Journal of Event Management*, 2022, 26(6): 1381—1393.